der Kultur

Bene zur Entwicklung eines Architektur- und Designbewusstseins in Österreich und darüber hinaus.

of culture

areness in Austria and beyond.

bene

Alles

LANDESBIBLIOTHEK

STADT
WAID
HOFEN
A.D.YBBS

Kunstbank
ferrum
Kulturwerkstätte

Herausgeber **Editor**
Kunstbank Ferrum – Kulturwerkstätte
Niederösterreichische Landesbibliothek

eine Frage der Kultur

Der Beitrag von Bene zur Entwicklung eines Architektur- und Designbewusstseins in Österreich und darüber hinaus.

a question of culture

The contribution of Bene to the development of architecture and design awareness in Austria and beyond.

Redaktion
Editorial Team
Walter Bohatsch
Theresia Hauenfels

mit Beiträgen von
with articles by
Wojciech Czaja
Theresia Hauenfels
Lilli Hollein
Dietmar Steiner
Johanna Zugmann

und einem Interview von
and an interview by
Thomas Jorda mit with
Manfred Bene
und and Laurids Ortner

SpringerWienNewYork

Gössl

Das Bundesland Niederösterreich hat in den vergangenen Jahren eine enorme Entwicklung genommen. Wir sind von einem Grenzland am Rande Europas zu einem Kraftland an der Spitze Europas geworden. Niederösterreich ist heute ein Land, das seine Ziele und Interessen im Rahmen eines überdurchschnittlichen Wirtschaftswachstums und wirtschaftlicher Dynamik durchsetzen kann.

Dass sich Niederösterreich in den letzten Jahren zu einem Top-Wirtschaftsstandort entwickelt hat und sogar als innovativste Region Europas ausgezeichnet wurde, ist zum einen als Konsequenz einer umsichtigen Wirtschafts- und Sozialpolitik des Landes Niederösterreichs, wo Standortqualität für Unternehmen angeboten werden kann, zu betrachten und zum anderen selbstverständlich den unzähligen Betrieben selbst zu verdanken, die sich in Niederösterreich angesiedelt und hier ihre wirtschaftliche Heimat gefunden haben. Denn wir in Niederösterreich sind sehr stolz auf die Vielfalt, die Stärke und den Innovationsgeist unserer Betriebe, Firmen und Unternehmen.

Bene ist in diesem Reigen ein ganz besonderes Unternehmen mit großer Bedeutung für Niederösterreich; als Wirtschaftsfaktor im Land, als Dienstgeber zur Schaffung und Erhaltung von Arbeitsplätzen und als Podium für innovativen Erfindergeist hochmotivierter und kreativer Mitarbeiterinnen und Mitarbeiter. Die gesellschaftliche Verantwortung bei der Gestaltung von Arbeitsplätzen österreichischer und internationaler Unternehmen steht dabei im Mittelpunkt. Bene hat das Feld der modernen Bürolandschaft stark geprägt, mit der Absicht, für die Menschen im Arbeitsleben ein Wohlfühlklima zu schaffen. Als eines von vielen Beispielen sei genannt, dass Bene die Komplettausstattung des neuen Regierungsviertels in der Landeshauptstadt Sankt Pölten im Jahr 1997 fertig umgesetzt hat und damit insgesamt rund 3.000 Arbeitsplätze ausgestattet hat!

Bene ist nicht nur ein Markenzeichen im Möbeldesign mit internationaler Strahlkraft. Bene ist zu guter Letzt der Name einer Familie, die im wahrsten Sinne des Wortes »dahinter« steht und stets zu allererst das Wohl des Betriebes, ihrer Mitarbeiterinnen und Mitarbeiter sowie ihrer nationalen und internationalen Kunden im Auge hat. Dafür möchte ich heute stellvertretend Manfred Bene danken für seine 50jährige Tätigkeit im Unternehmen. Ohne ihn wäre diese Erfolgsgeschichte nicht möglich gewesen, welche dieser Marke auch in Zukunft beschieden werden möge.

The Province of Lower Austria has undergone tremendous developments in recent years. We have grown from being a borderland province at the edge of Europe to being a strong province at Europe's forefront. Lower Austria today is a province capable of attaining its goals and interests based upon the framework of above-average economic growth and dynamic business environment.

The fact that Lower Austria has developed into a top business location in recent years, and even been named Europe's most innovative region, is due in part to the judicious economic and social policies of the Province of Lower Austria, which create a qualitative location for companies to grow in. However, this success also arises from the numerous companies who have settled in Lower Austria and made it their economic home. Here in Lower Austria, we are very proud of the diversity, strength and innovate spirit of our businesses and corporations.

Among these, Bene is a very special company with great meaning to Lower Austria as an economic factor, an employer who creates and maintains jobs, and as a platform for the innovative ingenuity of their highly motivated and creative employees. Social responsibility in the work space design of Austrian and international companies is at the forefront of their attention. Bene has significantly impacted modern office landscapes, with the goal of creating a comfortable climate for people at work. Only one of many examples is Bene's successful and thorough furnishing of the new government district in the state capital of St. Pölten in 1997 – a total of around 3,000 fully equipped work areas!

Bene is not just a furniture-design brand name with international appeal. Bene is also the name of the family that stands, in the truest sense of the word, "behind" the company – always with the good of the company, its employees, and its national and international customers first and foremost in mind. I would like to thank Manfred Bene today for his 50 years in the company. This resounding success story would not have been possible without him. May it be continued!

Dr. Erwin Pröll
Landeshauptmann von Niederösterreich
Governor of Lower Austria

Va **bene**? Eine Firma, die seit 221 Jahren im selben Ort Möbel produziert, muss doch gut sein!? Ma **bene**! Ich selbst sitze seit Jahren auf, bei, in und um **bene**.

Der Chef hat keinen Schreibtisch zu haben! Wozu auch, denn Schreiben erledige ich am Schreibpult von **bene**, im Auto von Audi, im Sessel von Frank oder im Bett von Zieser, am seltensten am Konferenztisch von **bene**. Apropos Konferenzen. Bei uns gibt es ein Zimmer mit Tisch und Sessel von **bene**, wo wir unsere Sitzungen abhalten, und ein Zimmer mit einem Stehtisch und instabilen Sitz- bzw. Stehhilfen, dort werden Stehungen abgehalten. Fragen Sie mal, was dauert kürzer, ist unterhaltsamer und auch gesünder?

Seit den 70er Jahren begeistert, verfolgt, überrascht, bedroht, fasziniert und begleitet mich und viele andere mehr **bene**. Der Unruhegeist Manfred, die Unvoreingenommenheit von Thomas, die Einstellung und das Engagement der Mitarbeiter, die internationale Aufstellung des Unternehmens, der endlich getätigte Börsegang, das bedingungslose Bekenntnis zur durchgängigen Qualität vom Design- und Architekturentwurf bis zur technologisch ausgereiften Ausführung sowie das Vermögen, mit der simplen Anordnung von Möbelstücken und der Schaffung von Räumen Unternehmenskulturen entscheidend zu verändern, all das und vieles mehr macht's aus, tutto **bene**!

Ein eigentlich einfaches, primitives Produkt, Mobiliar, das seit dem alten Ägypten den Lebensraum des Menschen prägt, hier und heute noch so erfolgreich herzustellen und zu verkaufen, braucht mehr als gutes Design, gediegenes Handwerk oder automatisierte Fertigstellung, das alles unter Preisdruck.

Bei **bene** wird zuerst zugehört, nachgedacht, vorausgeschaut, diskutiert und dann konsequent entschieden. Räume entstehen durch Reflexionen und geistige Projektionen. Sie werden geprägt durch Lebens- und Arbeitsrhythmen und Gewohnheiten. Sie erzeugen mit den darin sich aufhaltenden arbeitenden und lebenden Menschen eine unverwechselbare Aura. Erst durch die Menschen wird ein Büro von **bene** vom Design geprägten und architektonischen Artefakt zum Lebensraum mit Qualität, wird spür- und erfahrbar. Büro heißt bei **bene** nicht nur wirtschaftlicher Kristallisationspunkt, sondern es ist ein Angelpunkt zwischenmenschlicher Kommunikation, Ort für Inspiration, Fortschritt, reflektierter Niederlage und geplantem Erfolg – ganz einfach ein Umschlagplatz des Lebens.

Wer denkt da schon ans Aufhören und an die Pension, das ist keine Frage von Stunden und Jahren, das ist nur eine Frage der Geisteshaltung der 20jährigen, genauso wie der 50jährigen und der 70jährigen, es ist eine Frage des Einlassens, der Begeisterung und Leidenschaft zu leben, eine Frage des Vertrauens in **bene**.

Va **bene**! A company that produces furniture in the same place for 221 years must be good!? Ma **bene**! I, myself, have been sitting on, at, in, and around **bene** for years.

The boss doesn't need a desk! What for, since I do all my writing on a bureau from **bene**, in a car from Audi, in a chair from Frank, in a bed from Zieser, and only rarely at a conference table from **bene**. Speaking of conferences ... We have a room here with table and chairs from **bene** where we have our meetings; and a room with a bar table and unstable stools and things to lean on, that's for our stand-up meetings. Why don't you guess which meetings are shorter, more entertaining, and healthier?

Since the 1970s, **bene** has thrilled, followed, surprised, threatened, fascinated, and accompanied me and many others. Manfred's restless spirit, Thomas' impartiality, the approach and commitment of the staff, the international position of the company, the decision to finally go public, the unconditional commitment to consistent quality from the design and architectural drafts to the technologically advanced production; as well as the ability to create significant change in business culture through the simple arrangement of furniture and the creation of new areas. All of this and much more makes it ma tutto **bene**!

It's actually a very simple and primitive product, furniture. It has been characterizing human habitat since ancient Egypt. To so successfully manufacture and sell it, here and now, takes more than just good design, superb craftsmanship, and automated production processes, and all of this in face of ongoing price pressure.

At **bene**, they listen first, then they consider, look ahead, discuss, and only then is a definite decision made. Spaces are brought to life through reflection and mental projection. They are shaped by the rhythms and habits of life and work. They create, together with the individuals working and living within them, a distinctive aura. It is the people themselves who turn an office from **bene** – a designed space, an architectural artifact – into a living area with a quality that can be felt and experienced. For **bene**, the office is at not just an economic focal point, it is a cornerstone of human communication; a place for inspiration, progress; a place to reflect upon defeat and plan success. Simply put – a hub of life.

Who could possibly think of quitting, of retiring? This is not a matter of hours and years, that's how a 20-year-old thinks, or a 50 or 70-year-old. This is about commitment, enthusiasm, and the passion for life; about trust – in **bene**.

Mag. Wolfgang Sobotka
Landeshauptmann-Stellvertreter von Niederösterreich
Deputy Governor of Lower Austria

Was wäre eine Stadt, eine Region ohne prosperierende Wirtschaftsbetriebe. Die Firma Bene ist zweifelsohne ein Musterbeispiel dafür. 1790 siedelte sich Michael Bene aus Ungarn in Waidhofen an der Ybbs an und gründete eine Tischlerei. Über Jahrhunderte hinweg wurde der Betrieb erfolgreich und kontinuierlich ausgebaut. Nach dem Zweiten Weltkrieg stellte Gottfried Bene in seiner Tischlerei auf Büromöbel um. 1951 wurde am Standort Zell auf industrielle Fertigung umgestellt und der traditionelle Tischlereibetrieb zum unumstrittenen Marktführer in Österreich ausgebaut. Parallel dazu entwickelten sich die Bene-Ordner von Gottfrieds Bruder Karl Bene mit dem Deckel aus Hartpappe zum Exportschlager.

Einhergehend mit der internationalen Expansionsstrategie von Bene Büromöbel stieß man am Produktionsstandort Zell bald an die Grenzen und übersiedelte 1975 mit der Produktion auf die Schwarzwiesenstraße. Das markante Headoffice und die imposante Fertigungshalle wurde 1988 am neuen Standort nach Plänen von Ortner & Ortner errichtet, die auch für die letzte Erweiterung des Bürohauses 2010 verantwortlich zeichnen. Wesentliche Schritte für die erfolgreiche Entwicklung des Unternehmens setzte Manfred Bene. Unter der Federführung des Vollblutunternehmers wurde Bene zum internationalen Player, der Trends im Bürosektor setzt. Bene steht heute für höchste Qualität, Funktionalität und modernes Design. 2006 wurde Bene in eine Aktiengesellschaft umgewandelt.

Mittlerweile ist Bene mit über 80 Geschäftsstellen in mehr als 30 Ländern vertreten. Das Headoffice samt der Produktionsstätte, welches zu den modernsten Europas zählt, ist nach wie vor in Waidhofen an der Ybbs, in der Schwarzwiesenstraße, angesiedelt. Architektonisch hat das Bauwerk der Stadt einen wichtigen Impuls gegeben. Mit seinen Möbeln ist Bene auch in anderen wichtigen Bauten der Stadt vertreten: so im Rathaus, revitalisiert von Ernst Beneder. Wer im »Kristallsaal« von Hans Hollein im Rothschildschloss die großartigen Konzerte besucht, sitzt auf Stühlen des Waidhofner Unternehmens.

Bene ist unumstrittener Marktführer in Österreich und in Europa belegt das Unternehmen derzeit Platz fünf. Mittlerweile hat Manfred Bene in den Aufsichtsrat des Unternehmens gewechselt und hat das Management an den Vorstandsvorsitzenden DI Frank Wiegmann, an Dr. Wolfgang Neubert als Vorstand des Vertriebes und an seinen Sohn Mag. Thomas Bene als Vorstand für Marketing und Portfolio weitergegeben. Einer erfolgreichen Weiterführung am Standort Waidhofen steht somit nichts im Wege.

What would a city or a region be without prosperous businesses? The Bene company is undoubtedly a prime example for this. In 1790, Michael Bene moved from Hungary to Waidhofen an der Ybbs and set up a carpentry shop. The business was successful and continued to expand over the centuries. After the Second World War, Gottfried Bene converted his carpentry shop to the production of office furniture. In 1951, the shop in the village of Zell expanded, switching to industrial manufacturing and making this traditional carpentry company the undisputed market leader in Austria. At the same time, the classic, hard cardboard Bene-folder developed by Gottfried's brother, Karl Bene, became a resounding export success.

Not surprisingly, considering Bene Büromöbel's international expansion strategy, it was soon discovered that the Zell production site had reached its limits and, in 1975, production was moved to the Schwarzwiesenstrasse. A prominent head office and impressive production hall was erected on the new site in 1988, according to plans by Ortner & Ortner, also the designers of the most recent expansion of the office building in 2010.

Manfred Bene undertook major and crucial steps in the successful development of the company. An entrepreneur through and through, under his leadership the Bene company has become the international player and trendsetter in the office goods sector that it is today. Bene, incorporated in the year 2006, stands for highest quality, functionality, and contemporary design.

Meanwhile, Bene is represented in over 30 countries with more than 80 business locations. The head office and the production facility, one of the most modern in Europe, are still located in Waidhofen an der Ybbs on the Schwarzwiesenstrasse. Architecturally the building has had an important influence on the city. Bene's furniture can be found in numerous important municipal buildings, for example in the Town Hall, revitalized by Ernst Beneder. Guests visiting Hans Hollein's Kristallsaal in the Rothschild Castle, for one of the fantastic concerts that can be heard there, sit on chairs from this local company.

Bene is the undisputed market leader in Austria and the company currently occupies fifth place in Europe. Meanwhile, Manfred Bene has transitioned to the company's supervisory board and has passed the job of management on to CEO Frank Wiegmann, Director of Distribution Wolfgang Neubert, and to his son Thomas Bene, Director of Marketing and Portfolio. Nothing now stands in the way of Bene's successful continuation in the town of Waidhofen.

Mag. Wolfgang Mair
Bürgermeister von Waidhofen an der Ybbs
Mayor of Waidhofen an der Ybbs

Alles eine Frage der Kultur

Der Beitrag von Bene zur Entwicklung eines Architektur- und Designbewusstseins in Österreich und darüber hinaus.

Diese Publikation ist ein Hybrid. Im Mittelpunkt stehen Architektur, Design, Kommunikation. Es geht um eine Erfolgsgeschichte: der Werdegang eines Unternehmens, das von Waidhofen an der Ybbs aus seit vielen Jahrzehnten in diesem Bereich Maßstäbe gesetzt hat, wird nicht historisch oder als Festschrift aufbereitet, denn das entspräche nicht der Philosophie der handelnden Personen. Der Dialog zwischen Wirtschaft und kreativen Köpfen ist das Rückgrat dieser Publikation. Sidestories und Zitate führen inhaltlich weiter. Archivmaterial ergänzt visuell das Bild vom Heute. Das grafische Konzept erlaubt sich, ohne den Anspruch avantgardistisch zu sein, seinen eigenen Charakter zu entwickeln.

Die Gleichzeitigkeit vieler Ereignisse dieser Geschichte wird besonders im Interviewteil deutlich, wo sie nicht nur linear lesbar, sondern auch fragmentarisch erlebbar wird. Die visuelle Gestaltung der unterschiedlichen Inhaltskonvolute orientiert sich an der Transmission der für diese Bilanz stehenden Leistungen und Ereignisse. Die Beiträge der einzelnen Autorinnen und Autoren fokussieren thematische Schwerpunkte, bei denen Bene internationale Standards gesetzt hat. Das Miteinander von Inhalt und Form war der Redaktion ein großes Anliegen. So war es uns auch wichtig, einen Künstler einzuladen, sich für das Cover mit dem Unternehmen auseinander zu setzen. Hier dürfen Möbel gedeihen, wird Design gepflegt, wird auf den historischen Ursprung der »cultura« mit dem Sesshaftwerden der Menschen angespielt. Aus diesem Anspruch leitet sich auch der narrative Charakter des vorliegenden Buches ab. Doch niemals rückwärtsgewandt. Denn die Geschichte geht weiter …

Wir bedanken uns bei allen, die beim Entstehen dieser Publikation mitgewirkt haben, auf wirtschaftlicher, organisatorischer, inhaltlicher und gestalterischer Ebene.

Gratulation an Manfred Bene zu »Alles«.

This publication is a hybrid. It focuses on architecture, design, and communication. It's about a success story: the evolution of a company based in Waidhofen an der Ybbs that has been setting new standards for many decades. The story has not been trimmed to be historic or commemorative, because that would not correspond to the philosophy of the people involved. The backbone of this publication is the ongoing dialogue between business and creative minds, rounded out by side stories and personal quotes. Material from the archives visually complements images from today. The graphic design concept develops its character freely, while laying no claims to being avant-garde.

The simultaneity of many of the events in this story becomes particularly clear in the interview section, where the story is told not only linearly but also according to fragmentary experiences. The visual design of the various topics is based on conveying the achievements and events involved in this story. The contributions of the individual authors highlight areas in which Bene Office Furniture sets standards internationally. The harmony of the book's content and visual appearance was a very important aspect for the editorial team. It was also important to us to invite an artist to design the cover who would really take a good look at the company. This is the place where furniture flourishes, design is cultivated, where the settling down of people is a reference to the historical origins of "cultura." These are the aims that have led to the narrative character of this book. However, it's more than just a look back. For the story goes on …

We thank each and all of the people involved in creating this publication, on the economic, organizational, content, and design levels.

Congratulations, Manfred Bene, for "everything."

Walter Bohatsch
Theresia Hauenfels

a question of culture

The contribution of Bene to the development of architecture and design awareness in Austria and beyond.

Dietmar Steiner

Im stillen Auge des Taifuns
In the Eye of the Typhoon

Der Artikel von Dietmar Steiner erschien erstmals in: *Cash Flow* 7–8/89 und eine gekürzte Version 1993 in: *Hochparterre* 8/93.
Dietmar Steiner's article first appeared in: *Cash Flow* 7–8/89 and a shortened version was published in: *Hochparterre* 8/93.

Der Name Bene wurde nicht von einem geschickten Marketing-Experten erfunden, sondern ist der Familienname des einstigen Firmengründers und des heutigen Eigentümers von Bene.

Das Unternehmen Bene befindet sich in einem Dilemma. Das Verhältnis der Firmen zu ihrer Büroeinrichtung ist in Österreich extrem unterentwickelt. Büromöbel, das sind für viele die in die dritte Dimension gehobenen Lagerflächen für administrativen Unrat. Nötig, aber konventionell. Dieses Image der Unvermeidlichkeit haftet, aufgrund ihres Marktanteils von 30 Prozent, auch den Bene Büro Möbeln an. Zu viele »Büromenschen« sind in den 1960er- und 1970er Jahren diesen Tischen und Kästen begegnet. Es gibt kaum ein zweites Massenmöbel, dem so glaubhaft der Slogan »Design ist unsichtbar« zugemutet werden kann, wie dem Büromöbel.

Kaum jemand denkt, wenn er das Wort »Büromöbel« hört, an Raum und Architektur. Der heutige Eigentümer Manfred Bene dazu: »Unser fertiges Produkt ist ein ›Raum‹ und nicht ein Schreibtisch oder ein Schrank.« Der scheinbar oberflächliche Aspekt dieser Kompetenz Benes für den ›Raum‹ zeigt sich in der augenscheinlichen Verflechtung des Unternehmens mit der allgemeinen architektonischen Entwicklung der letzten 20 Jahre.

Die vom Architekten Bruno Echerer gestalteten Geschäftsstellen Benes aus den frühen 1970er Jahren muteten wie exterritoriale Raumkapseln an: plakativ und auffallend im städtischen Gefüge. Jedenfalls war dies der erste sinnfällige Eindruck eines neuen gesamtkulturellen Bewusstseins dieses Unternehmens. In den 1970er Jahren setzt Bene auch ein strategisches Werbekonzept ein, das Namen und Logo speziell in Architekturzeitschriften prominent zu plazieren beginnt. Für Architekten entstand so das Gefühl: »Bene gehört zu uns, ist ein kultureller Partner, der einen Sektor, von dem wir nichts verstehen, nämlich das Einrichten von Büros, kompetent und in unserem architektonisch kultivierten Sinn zu lösen imstande ist.«

Ein logischer Schritt für Bene war dann der Um- und Neubau der Geschäftsstellen Anfang der 1980er Jahre. Und er dokumentierte die kulturellen Wandlungen eines ganzen Jahrzehnts. Als Architekt dafür suchte Bene Laurids Ortner von Haus-Rucker-Co aus. Eine mutige Entscheidung zu einer Zeit, wo der allgemeine Neohistorismus-Taumel ausbrach, die Altstädte »neu« gebaut sein wollten, die große Gemütlichkeit aus den Cafés der Städte Bauernstuben machte. Da schien Benes Bekenntnis zu einem »Alt-Avantgardisten« erst befremdlich. Denn Haus-Rucker-Co haftete das Image ihrer Experimente aus den späten 1960er Jahren an, sie wurden mit Coop Himmelblau in einen Topf geworfen. In Wahrheit war Laurids Ortner damals schon viel weiter als die heute »alten« Postmodernen dieser Zeit.

Headoffice Waidhofen an der Ybbs. Architektur: Ortner & Ortner, 1988
Head office Waidhofen an der Ybbs. Architecture: Ortner & Ortner, 1988

"Bene", a family company, is more than just a product and more than just an office furniture company. Bene has grown to represent a philosophy of office life, a way of looking forward to a different future. The name was not invented by clever marketing experts, it is the name of the company's original founder and current owner.

Bene faces a challenge in the Austrian market, where many companies have an extremely underdeveloped connection to their office environments. For most people, office furniture is nothing more than utilitarian storage space for administrative debris, necessary and conventional. Having a 30 percent market share means that this image of conventionality has spread to include Bene office furniture as well. Too many "office people" were faced with bland and conservative desks and cabinet design in the 1960s and 1970s. The maxim "design is invisible" is more true for office furniture in general than for any other category of furniture.

When the words "office furniture" are mentioned, hardly anybody thinks straight off about space and architecture. The current owner, Manfred Bene, once said, "Our finished product is a space, not just a desk or a closet." Bene's competence with space is not merely superficial, it is reflected in the bold integration of the architectural developments of the past twenty years into the company's products with.

Designed by architect Bruno Echerer, Bene shops from the early 1970s looked like extra-terrestrial space capsules: blatantly standing out in the urban landscape. This was the first manifestation of the newfound cultural awareness of the company. In the 1970s, Bene implemented a strategic advertising plan by prominently placing its name and logo in architectural magazines. Architects soon developed the feeling that, "Bene is one of us, our cultural equal, active in a sector where we need a profession partner capable of competently furnishing offices in tune with our architectural sensibilities."

Being a forward-thinking company, the natural step for Manfred Bene in the early 1980s was to rethink and redesign their offices and stores. This rebuilding documented the cultural changes of a decade. For an architect, Bene chose Laurids Ortner from the Haus-Rucker-Co, a courageous decision at a time when neo-historicalism was rampant. Old towns were being built "new" and an all-consuming coziness was turning the urbane coffee houses of the city into countrified cafés, meaning that Bene's adherence to the "old avant-garde" was initially disconcerting. The Haus-Rucker-Co was still stuck with the image of their late 1960s experiments, and they were often cast into the same pot as Coop Himmelblau.

Laurids Ortner: »Es ist wichtig, so nah wie möglich an der Realität zu bleiben. Nicht wilde und individuelle Dinge erfinden, sondern ›hart am Wind segeln‹, sich möglichst knapp am Tagesgeschehen orientieren. Vielleicht das Ohr ein wenig früher auf die Schiene legen als andere. Nur die Verschiebung der Realität macht sie bewusst.« Ortners Geschäftsstellen und Schauräume waren demnach ganz »unsensationell« in einem architektonisch höchst intelligenten Sinn – mit einer hohen Aufmerksamkeit für Farbe, Oberfläche, Licht und Material. In seinen Schauräumen wie auch in seinem Produktprogramm von Bene selbst war jene wirklich innovatorische Haltung spürbar, welche die Schraube der Gestaltung gerade um jene wichtige Drehung weiter anzog, um den Grad zur zeitbestimmenden Architektur zu überschreiten.

Das Bild von Bene – Geschäftsstellen, Schauräume, Werbung, Image – ist heute jenes eines architektonisch und kulturell absolut kompetenten Partners. Manfred Bene: »Dazu muss grundsätzlich gesagt werden, dass es in der Firma eine ›Haltung‹ geben muss. Die wird durch eine Handvoll Leute geprägt. Das ist nicht aufgesetzt, das muss man empfinden: Man will Gutes gestalten, man will mit einem guten Architekten oder Designer zusammenarbeiten. Denn eine Firma muss zu ihrem Produkt stehen. Wir wollen später dem Kunden nicht sagen, ›du kannst bei uns alles haben‹, sondern: ›Diese unsere Möglichkeit ist die beste.‹ Wir haben eine Meinung zu vertreten, eine gute Firma muss ein Markenartikel sein.« Den letzten Beweis der kulturellen Glaubwürdigkeit hat das Unternehmen im heurigen Jahr mit einem wichtigen sichtbaren Schritt erbracht: mit der Errichtung der neuen Verwaltungszentrale in Waidhofen an der Ybbs, dem Sitz der Firma, von Laurids Ortner entworfen. Ein ebenso eleganter wie subtiler Bürobau, der seine architektonischen Qualitäten erst dem zweiten Blick eröffnet.

Am Rande von Waidhofen, mitten auf der grünen Wiese, erscheint die eindeutige Form einer unbestimmbaren Kurve, die den Bau isoliert wie einen Tempel in unberührter Natur. Doch kaum analytisch zu fassen ist der Inhalt dieses Hauses. Laurids Ortner ist es gelungen, diesem Bau eine Atmosphäre zu geben, welche die »Bürowelt« einer bereits gewordenen Zukunft darstellt. Unspektakulär, aber doch sinnlich, nicht eitel, sondern großzügig. Man spürt in diesem Gebäude, dass hier eine neue Form von Arbeitsqualität verwirklicht ist, wo nicht permanent Ahs und Ohs vor der gebauten Gestaltung erschauern, sondern wo unmerklich Beziehungen und Begegnungen ermöglicht werden, die man nicht erwartet hätte. Das Bene-Verwaltungsgebäude ist konzipiert als »Experiment am eigenen Leib«, wo alles, was Bene übers Büro weiß, auch mit den eigenen Leuten ausprobiert werden kann.

The truth was, Laurids Ortner was already much further ahead than the now "old" postmodernists of that time. According to Laurids Ortner, "It is important to stay as close as possible to reality. Not to invent wild, individual things, but to 'sail the wind hard' and to align oneself as much as possible with current events. To put one's ear to the track a little earlier than the others, who only realize something once reality shifts." With this approach, Ortner's offices and showrooms were not over the top. They were "unsensational" yet architecturally highly intelligent and with great attention to color, texture, light and material. The innovation of Bene's exhibition rooms and products was palpable. One could feel it raising the bar of design one notch higher, surpassing the standards of time-defining architecture.

Bene's image – formed by its offices, showrooms, advertising, and development – is now that of an architecturally and culturally competent business partner. Manfred Bene says, "We must add that, in this company, a position must be taken. This standpoint is dominated by a handful of people, people who don't just act but instead truly feel the direction. We want to create good things, want to work with good architects and designers. A company is all about its product. We don't want to tell the customer, 'You can have anything you want.' We want to be able to say, 'This, our option, is the best one.' We have a standpoint to represent. A good company must also be a brand." This year, the company delivered final proof of its cultural credibility with an important visible step – the construction of its new company headquarters building in Waidhofen an der Ybbs, designed by Laurids Ortner. An elegant office building, its subtle architectural qualities reveal themselves sublimely upon study.

Placed on the outskirts of Waidhofen in the middle of a green field, a unique yet nondescript parabola insulates the building like a temple from the surrounding nature. However, it is the interior of the house that is almost mind-blowing. Laurids Ortner has successfully infused this building with the atmosphere of an "office environment" from the future that has already been built. It is unspectacular yet refined; benevolent instead of vain. One senses that a new work ethic is has been carried out in this building, one where the 'ohs' and 'ahs' don't shower down but where imperceptible interactions and encounters occur in ways that one would not normally expect. The Bene administrative building is designed as an "experiment on your own body," a place where everything Bene knows about offices can be tried out by their own people. A 1:1 model of the office of the future, yes, but a place actually worked in and therefore not as unrealistically futuristic as in the dreams of some, more "creative," designers and architects.

Ein Modell 1:1 für die Bürowelt der Zukunft, in der gearbeitet wird und die deshalb niemals so futuristisch sein wird, wie sie gerne von »kreativen« Designern oder Architekten erträumt wird.

Das Mirakel dieses Hauses löst sich erst dann, wenn man erfährt, dass Laurids Ortner hier zwar das Gebäude entworfen, die »Hardware« des Bürogebäudes geschaffen hat, dass er aber seit Anfang der 1980er Jahre auch für das Design der Bene Büro Möbel, für die »Software«, mitverantwortlich zeichnet. Damit sind wir am Punkt des Problems. Es war eine unternehmensphilosophische Entscheidung von Bene Büro Möbel, dass das Unternehmen nicht der beste, nicht der billigste, nicht der teuerste, nicht der größte Büromöbelerzeuger der Welt werden wollte. Dafür wollte Bene jener Büromöbelproduzent werden, der das meiste Know-how vom Büro der Zukunft hat. Der Trick war ebenso einfach wie genial: Das Büromöbel als Einzelstück muss ergonomisch und funktionell perfekt sein. Das aber kann jeder, der nachdenkt, produzieren und liefern. Entscheidend ist, wie all diese heterogenen Möbel und Produkte »Raum«, das heißt, Atmosphäre erzeugen.

Die Philosophie von Bene Büro Möbel: Man bietet keine Einzelmöbel an, sondern ein System. Das Rezept erläutert Organisationschef Ernst Weichselbaum: »Alles an Vorzeitigkeit gilt es in Anspruch zu nehmen. Es findet sich dann wieder die sichere Orientierung, aber nicht mehr im Handeln wie in der Institution, sondern im Denken, im Fühlen. Dieses Wissen ist für uns unverzichtbar. Denn durch die Vorzeitigkeit der Philosophie können wir Tendenzen ablesen, ohne uns groß anzustrengen.« Damit befinden wir uns beim Mirakel dieses Unternehmens, im stillen Auge des Taifuns, das so komplex ist, dass es sich im Detail nicht erschöpfend erläutern lässt. Ein Beispiel: Bene interessiert sich nicht für Umweltschutzvorschriften. Bene negiert sie deshalb, weil an die Macht der »alten Institutionen« nicht mehr geglaubt wird. Ein modernes Unternehmen könne nicht auf Verordnungen warten, sondern müsse selbst frühzeitig das Ohr auf der Schiene der Zeit haben und auf den gesamtkulturellen Wertewandel reagieren. Der Erfolg dieses Unternehmens beruht letztlich auf der schlichten Tatsache, dass alles, was als Know-how über die Bürowelt der Zukunft ausgegeben wird, zuerst am eigenen Leib erprobt worden ist. Mitten im dumpfen Niederösterreich erdenkt und produziert also ein Unternehmen Dinge wie Büromöbel mit einem Know-how und Niveau der Weltspitze.

Bene ist es gelungen, das Büro als »heißen Ort« zu definieren, weil es mit einer durchgängigen Unternehmensphilosophie über das konkret zu verkaufende Produkt hinaus die Welt der Arbeit, den menschlichen Raum, in eine umfassende Gestalt des Lebensraums zu bringen vermochte. Bene ist letztlich kein Produkt, kein Möbel mehr, Bene ist der Raum, in dem wir uns alle befinden möchten.

The miracle of the construction becomes clear when one learns that Laurids Ortner not only designed the building, i. e. the "hardware" of the office, but has been designing the "software," the office furniture, since the early 1980s. This brings us to the crux of our challenge. The Bene company made a business decision that Bene Office Furniture's main goal was not be to be the best, the cheapest, the most expensive, or the largest producer of office furniture in the world. Their goal was to be the office furniture manufacturer with the most knowledge about the offices of the future. The course of action was as simple as it was ingenious each individual piece of office furniture had to be made ergonomically and functionally perfect. However, anyone who thinks hard and applies themselves can produce and deliver such high quality stand-alone products.

What really matters, and what sets Bene apart, is the holistic philosophy Bene has towards the workspace. By ensuring that these different furniture pieces and products sculpt the workspace to create atmosphere. The philosophy behind Bene's office furniture is to create not just a single unit, but an entire system. Ernst Weichselbaum, the Head of Organization, describes the company's formula, "Everything new and innovative is encouraged. This creates an ongoing orientation in the way of thinking and feeling that is behind the actions of the institution. The knowledge this generates is indispensable. This philosophy leads to prescient innovations and enables us to anticipate trends with no great exertion." This brings us to the miracle of the company, to the "Eye of the Typhoon," something so complex that a detailed explanation would be exhausting. For example: Bene is not just interested in environmental protection regulations per se, because they do not believe in the power of the "old institutions." Rather, a modern company has to keep an ear to the track of society's environmental sentiments to better anticipate changes in overall cultural values. Ultimately, the company's success is based on the simple fact that all of its know-how about the offices of the future has been self-tested on-site. This is how a company located in the middle of timeless Lower Austria is able to conceive, innovate, and produce things such as office furniture at a world-class level of knowledge and finesse.

Bene has succeeded in defining the office as a "hot spot" because its corporate philosophy goes beyond specific products, reaching into the world of work, into human space, and into a comprehensive sculpting of living space. In the end, Bene is not just a product, not just furniture; Bene is the space in which we would all like to find ourselves.

Eine inspirierende Beziehung
A Creative Connection

Manfred Bene und Laurids Ortner

Ein Interview von Thomas Jorda

Waidhofen an der Ybbs, 7. April 2011. Ein Bürohaus wie ein Schiff. Eine Kommandobrücke mit Ausblick auf die Landschaft. Zwei Freunde an einem Tisch. Ein Gespräch mit Zwischenfragen, eingefangen in Bildern von Markus Rössle.

Manfred Bene and Laurids Ortner

An interview by Thomas Jorda

Waidhofen an der Ybbs, April 7, 2011. An office building like a ship. A command bridge with a view of the landscape. Two friends at the table. A conversation with questions, captured in images by Markus Rössle.

»Ich sehe ihn noch heute durch den Betrieb gehen, er hat jeden Mitarbeiter am Morgen persönlich begrüßt, ihm die Hand gegeben.« Irene Bene, Mutter von Manfred Bene und Ehefrau von Gottfried Bene, erinnert sich an ihren Mann. Aus: Glücklich, wer etwas aufbauen kann, in: Va bene 2/97, S. 3

Man sagt, je älter ein Mensch wird, desto besser sein Langzeitgedächtnis. Herr Bene, wie war das im Jahr 1961, als Sie Ihr Vater mit einem Trick in die Firma gelockt hat?

MANFRED BENE | Das hat schon früher begonnen, als mich meine Eltern genötigt haben, eine HTL für Holztechnik zu besuchen, die mich überhaupt nicht interessiert hat. Dabei hat mein Vater in Deutschland Architektur studiert und meine Mutter war Frau Diplomkaufmann, was zu dieser Zeit sehr ungewöhnlich gewesen ist. Mit 20 wollte ich zu einer Büromöbelfirma ins Ausland gehen und dann entweder Wirtschaft oder Architektur studieren. Aber mein Vater, der ja ein charmanter Bursche war, hat mich einfach über den Tisch gezogen. Komm zu mir, hat er gesagt, für ein Jahr. Ich bezahle dich und bei mir kannst du mehr lernen als in einer großen Firma, wo sie dich in irgendeine Abteilung setzen. Also habe ich mich überreden lassen. Und er hat genau gewusst, dass ich ihm nicht entkomme. Er hat mir nicht nur die Arbeit zugeschoben, sondern auch die Verantwortung. Das ist genau 50 Jahre her.

It is said that the older you are, the better your long-term memory is. Mr. Bene, what happened in 1961 when your father lured you into the company with a trick?

MANFRED BENE | It actually began even earlier, with my parents compelling me to attend a technical school for woodworking, which I was not at all interested in. My father had studied architecture in Germany and my mother had a masters in business administration, which was very unusual for the time. Anyway, when I was 20, I wanted to go abroad to work for an office furniture company and then study either economics or architecture. But my father, who was a charming fellow, pulled a fast one on me. "Come to our company for a year," he said. "I will pay you and you can learn more than in a big company where they'll just stick you into a department somewhere." And so I let myself be persuaded. My father knew full well that I could never escape him. He not only gave me lots of work, he gave me lots of responsibility. That was exactly 50 years ago.

Waidhofen an der Ybbs
Statutarstadt im Mostviertel, NÖ
Historischer Wirtschaftsfaktor: Eisenverarbeitung und -handel
Seehöhe des Hauptortes in Meter: 362
Wohnbevölkerung: 11.527 (Stand 2010)
Katasterfläche in Hektar: 13.118
Quelle: http://www01.noel.gv.at/scripts/cms/ru/ru2/stat.asp?NR=30301

Waidhofen an der Ybbs
Chartered town in the Mostviertel, Lower Austria
Historical economic base: iron processing and trade
Elevation of the main town, in meters: 362
Population: 11,527 (as of 2010)
Cadastral area in hectares: 13,118
Source: http://www01.noel.gv.at/scripts/cms/ru/ru2/stat.asp?NR=30301

Bene Werk Zell – Waidhofen an der Ybbs. Im Sgraffito des Turms ist das Logo abgebildet. Eingemeindung Zell: 1972
Bene factory in Zell – Waidhofen an der Ybbs. The company logo can be seen in the graffito on the tower. Annexation of Zell: 1972

1951 Start der industriellen Fertigung in Zell
1951 Start of industrial production in Zell

Schon Ihr Vater hatte also eine Büromöbeltischlerei.

MB | Es war ursprünglich eine Tischlerei, die bereits 1790 von meinem Ururgroßvater gegründet worden war und sich auf dem Hauptplatz 1 in Zell an der Ybbs befunden hat. Mein Vater hat dann die folgenreiche Entscheidung getroffen und 1951 die Produktion von Wohnmöbel auf Büromöbel umgestellt, die er über eine ganz kleine Geschäftsstelle in Wien und über Händler in Österreich verkauft hat.

Wie war das dann in Waidhofen?

MB | Mein Vater war ja 40 Jahre älter als ich. Als er mir die Firma übergeben hat, war ich 28 Jahre alt. Und es war mir immer klar, dass ich auf der grünen Wiese neu beginnen muss. Der Betrieb meines Vaters war auf fünf Geschoßflächen verteilt. Dort konnte man auf Dauer nicht wirtschaftlich produzieren. Anfang der 70er Jahre waren wir nahezu der Kleinste in der Branche, vor allem mangels Produktionskapazitäten. Meine erste Entscheidung war also, noch einmal zu beginnen. Ich hatte damals Angebote von St. Pölten bis Nürnberg. Jede Gemeinde hat mir unbegrenzt

So your father already had an office furniture business.

MB | It was originally a carpentry shop, founded in 1790 by my great-great grandfather and located on the main square in the village of Zell an der Ybbs. In 1951, my father made the significant decision to switch from making home furniture to the production of office furniture, which he sold through a tiny shop in Vienna and various distributors in Austria.

How was it in Waidhofen?

MB | My father was 40 years older than me. When he passed the company on to me, I was 28 years old. For me, it had always been clear that I would have to restart the business with a clean slate. My father's operation was distributed throughout five different stories. It would not have been possible to economically continue production there in the long-term. In the early 1970s we were just about the smallest business in the industry, mainly due to a lack of production capacity. So my first decision was to start over from scratch. Offers came in from St. Pölten to Nuremberg, each community offering me unlimited building

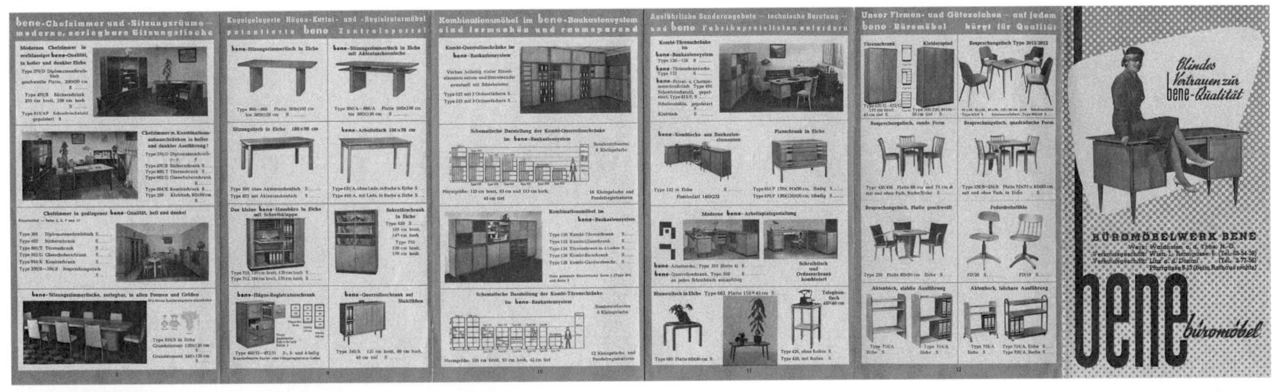

Benes erste Geschäftsstellenleiterin in Wien, Trude Norden, im perfekten Look am Schreibtisch. Möbelkatalog 1960

Bene's first female branch manager in Vienna, Trude Norden, perfectly styled at her desk. 1960 Furniture catalog

"I still see him walking through the business, he greeted everybody in the morning by personally shaking his hand."

Irene Bene, Manfred Bene's mother and Gottfried Bene's wife, reminisces about her husband. From: Glücklich, wer etwas aufbauen kann, in: Va bene 2/97, p. 3

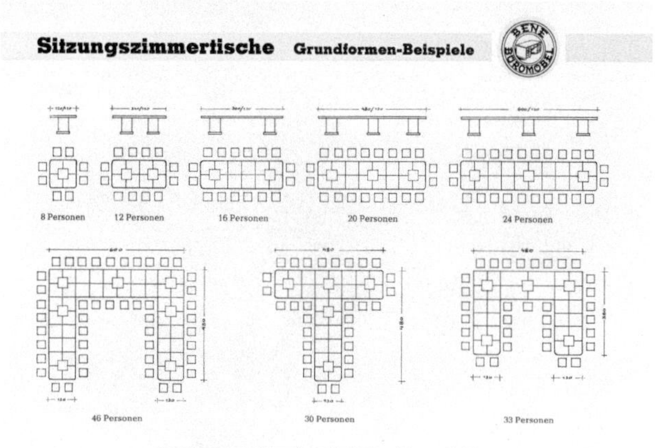

Sitzungszimmertische Grundformen Beispiele Erste Anfänge »Raumkonzept« 1950
Examples of basic meeting room table forms First beginnings of a "room concept", 1950

Grundstücke angeboten. Ich habe mich aber für Waidhofen entschieden, für die Schwarzwiesenstraße 3, vor allem wegen der hervorragenden Facharbeitersituation, die es heute noch gibt. Mehr als 90 Prozent unserer Mitarbeiter sind Facharbeiter, die aus der Gegend kommen.

Wie schwierig war es denn damals, die Banken vom Sinn entsprechender Investitionen zu überzeugen?

MB | Schwierig genug. Ich musste damals natürlich für alle Kredite privat einstehen. Obwohl ich selbst wahrscheinlich nicht mehr als 200 Schilling besessen habe, habe ich für Kredite von 60 Millionen Schilling unterschrieben, um die erste Teilstufe der Fabrik hinzustellen. Wir haben 73 Bauaufträge vergeben. Ein halbes Jahr später war die erste große Ölkrise da, und es gab zwei Jahre lang keine Aufträge mehr. Damals haben wir sehr blass ausgesehen. Ich habe mir überlegt, wandere ich nach Uruguay aus oder gehe ich in die Donau? Denn wahrscheinlich wäre ich selbst ins Eigentum der Bank übergegangen.

plots. In the end I chose the town of Waidhofen, for the Schwarzwiesenstrasse 3, mainly because of the excellent availability of professional workers, a situation that still exists today. Over 90 percent of our employees are skilled workers from the area.

Was it difficult at the time to convince the banks of the importance of the necessary investment?

MB | Difficult enough. Of course, back then I had to vouch for all loans privately. Although I probably didn't have more than 200 Schillings to my name, I signed for 60 million Schillings worth of loans to construct the first phase of the factory. We awarded 73 building contracts and then a half year later, the first major oil crisis happened – we didn't have any more orders for two years. Things looked pretty bad for a while. I started wondering, should I emigrate to Uruguay or jump in the Danube? Because I probably would have become the direct property of the bank.

Standort **Im Mai 1975 geht die erste Produktionsstätte auf der Schwarzwiesenstraße mit 9.000 m², geplant vom Linzer Architekten Prof. Hans Aigner, in Betrieb.**

Location **In May of 1975, the first production facility goes into operation. The 9,000 square-meters building, designed by Linz architect Prof. Hans Aigner, is located on the Schwarzwiesenstrasse.**

Zimmer des Bürochefs
in prima Eiche, 1950
Executive office in exquisite
oak, 1950

Bene-Chefzimmer in Macoré
mit Ahornadern, 1950
Bene executive office in
cherry mahogany with
maple strands, 1950

Ursprünglich wollten Sie ja immer weg aus Waidhofen. Was ist so schlecht an dieser Stadt?

MB | Waidhofen ist großartig und hat eine tolle Lebensqualität. Wir finden hervorragende Mitarbeiter hier, vor allem im gewerblichen Bereich. Aber ich habe immer von der großen, weiten Welt geträumt. Irgendwann in den späten 70er Jahren sind Laurids Ortner und ich nach Los Angeles gefahren und wollten einfach aussteigen, in eine Gegenwelt gehen. Los Angeles war ein solcher Kontrast zu diesem damals noch sehr konservativen Österreich! Aber wir haben uns ohnehin nicht getraut.

Was hätten Sie dort gemacht?

MB | Einfach ein anderes Leben geführt, ein Leben in einer Gegenwelt.

Und was wollten Sie dort machen, Herr Ortner?

LAURIDS ORTNER | Ich glaube, das Gleiche wie jetzt: Architektur.

You originally wanted to get out of Waidhofen. What's so bad about this town?

MB | Waidhofen is wonderful and has a great quality of life. We continue to find excellent employees here, especially in the commercial sector. But I've always dreamed of going out into the big, wide world. Sometime during the late 70s, Laurids Ortner and I went to Los Angeles. We both wanted to just drop out, to be part of another world. Los Angeles was such a contrast to how highly conservative Austria was at the time! But anyway, we didn't have the nerve.

What would you have done there?

MB | Just lived a different life, a life in an alternate world.

And what did you want to do there, Mr. Ortner?

LAURIDS ORTNER | Probably the same thing I do now: architecture.

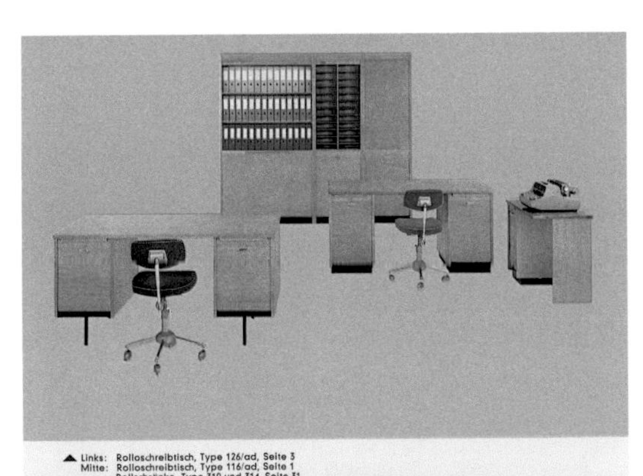

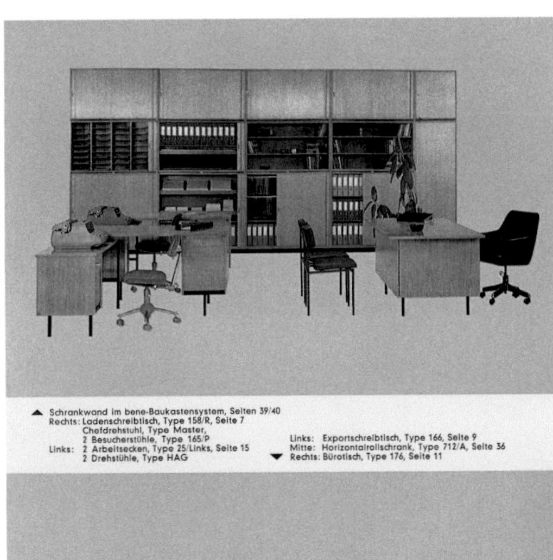

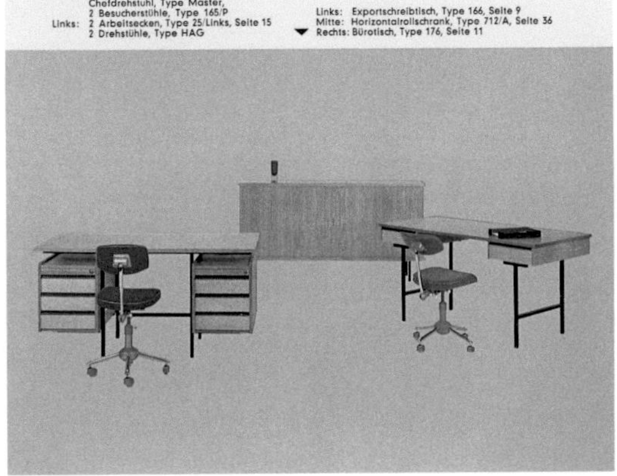

Produktfolder 1962
1962 Product folder

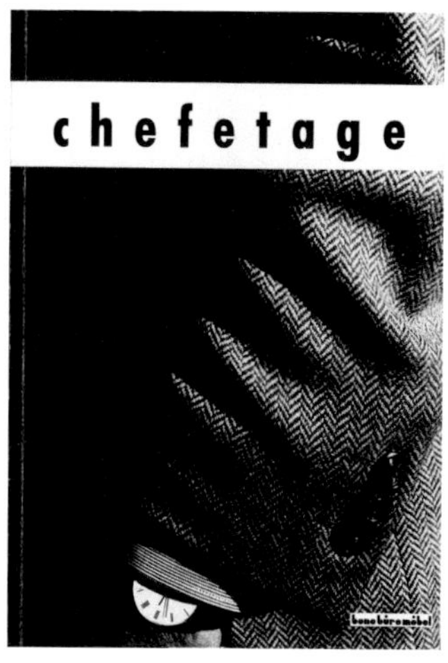

Publikationen aus den 1980er Jahren
Publications from the 1980s

Hätte es Ihnen gefallen, Hollywoodvillen zu bauen?

LO | Zum Beispiel. Oder Filme ausstatten. Das wär' durchaus drinnen gewesen. Wobei es mir da nicht um das viele Geld gegangen wäre, das man verdienen hätte können, sondern um die Qualität des Abenteuers.

Stattdessen ging es mit der Firma Bene zügig voran. Sie wurde ausgebaut, vergrößert und professionalisiert. In welche Richtung ging dieser Weg konkret?

MB | Von Anfang an habe ich mich um die Zusammenarbeit mit Architekten und Designern bemüht, um eine Produktwelt zu schaffen, die ich auch verkaufen konnte. Dann ging es mir darum, den Vertrieb auszubauen und Geschäftsstellen in Österreich zu schaffen. Ab Mitte der 60er Jahre haben wir in allen Bundesländern solche Geschäftsstellen aufgebaut. Schließlich war die Erweiterung des Betriebes auf der Agenda, um eine entsprechend hohe Produktivität zu bekommen. Das sind alles ganz wichtige Meilen-

Would you have liked to build Hollywood Villas?

LO | For example. Or films sets. That certainly would have been a possibility. Although, for me, it wasn't about earning money, it was about having an adventure.

Instead, the Bene company was progressing rapidly. It was expanded, enlarged and professionalized. Exactly what direction was this path taking?

MB | From the very beginning, I focused on working together with architects and designers to create a range of products that I could sell. My next step was to expand sales and set up branch stores in Austria. Starting in the mid-1960s, we set up branches in every province. Last on the agenda came the expansion of production, in order to attain correspondingly high productivity. All of these points were very important milestones in the history of the company. Throughout, it was always important to me to produce first-class, contemporary products and to have my own, strong distribution network.

Geschäftsstelle Graz.
Architektur: Bruno Echerer, 1978
Branch office in Graz.
Architecture: Bruno Echerer, 1978

Geschäftsstelle Linz.
Architektur: Laurids Ortner, 1988
Branch office Linz.
Architecture: Laurids Ortner, 1988

Natürlich müssen Büromöbel vor allem praktisch und zweckmäßig sein. Aber wer sagt, daß etwas, das praktisch und zweckmäßig sein muß, nicht auch schön und freundlich sein darf, daß es nüchtern, sachlich und kalt sein muß? Sie verbringen doch die Hälfte Ihres Lebens im Büro. Und warum sind ausgerechnet die Räume, in denen Sie soviel Zeit verbringen, so nüchtern, kahl, kalt und unschön? Wir verstehen es nicht. Und unser Ziel ist es, Ihr Büro freundlich zu gestalten. Schön, warm, angenehm. Und warum sehen die meisten Büroräume wie alte Abstellräume aus? Verschiedene Tische. Verschiedene Stühle. Verschiedene Schränke. Verschiedene Farben. Verschiedene Materialien. Verschiedene Formen. In so einem wirren Durcheinander kann man sich nicht wohl fühlen. Und deshalb bauen wir nicht einzelne Möbelstücke, sondern ganze Möbelsysteme, die aus verschiedenen Elementen zusammengesetzt sind. Elemente, die man kombinieren und immer ergänzen kann. Die aufeinander abgestimmt sind, die zusammengehören und immer zusammenpassen. In Form, in Farbe, in Material und in der Größe — Sinnvoll und praktisch. Klar und dynamisch. Und schön. Möbel, zwischen denen man sich wohl fühlt. Diese Aufgabe war unser Ziel und wird es auch immer bleiben. Und wir haben uns dieses Ziel nicht erst gestern gesteckt, um einmal selbst etwas Neues auszuprobieren, sondern schon vor langer Zeit. Genau gesagt, vor 175 Jahren. Und nicht umsonst sagt man, wenn man freundliche, angenehme Atmosphäre meint, einfach bene-Atmospäre!

Design Arch. Dipl. Ing. B. Echerer — Planung und Konstruktion Ing. M. Bene

Produktkatalog 1970, Bruno Echerer
1970 product catalog, Bruno Echerer

steine im Leben des Unternehmens gewesen. Wobei mir immer wesentlich war, erstklassige, zeitgemäße Produkte anbieten zu können und einen eigenen, starken Vertrieb zu haben.

Sie haben sich immer Leute gesucht, die sehr kunstaffin waren, wie zum Beispiel Laurids Ortner. Hatten Sie keine Angst, dass denen Sinn und Gefühl für die Praxis fehlen?

MB | Wahrscheinlich habe ich eine Prägung durch meinen Vater, der ja Architektur studiert hat. Das Thema Gestaltung hatte für mich schon von Jugend an Bedeutung. Deshalb haben wir 1964 begonnen, mit dem Architekten Bruno Echerer Geschäftsstellen zu bauen und Möbel zu entwickeln. Das sind Schritte in eine neue Dimension gewesen. Aber es ging nicht so sehr um den künstlerischen Anspruch, sondern ich wollte eine andere Kategorie von Denken in das Unternehmen bringen, die Dinge nicht nur als Hersteller sehen, sondern auch von der Seite des Designs und des Kundeninteresses. Der erste wirkliche Höhepunkt war dann, dass Laurids Ortner für uns das Bürohaus in Waidhofen gebaut hat, das Ende der 80er Jahre sensationell war und unglaublich vorbildlich.

You've always looked for very artistic people, such as Laurids Ortner. Weren't you afraid that they might lack the sense or feel for practicality?

MB | I was probably influenced by my father, who studied architecture. Design concepts have been important to me since my youth. That's why, in 1964, we began to build office stores and develop furniture with architect Bruno Echerer. These were steps into a new dimension. But it was not so much about the artistic side of things, and more about wanting to bring a different way of thinking into the company – to see things not just as a manufacturer but also from the aspects of design and customer interest. The first real high point was when Laurids Ortner built the office building in Waidhofen for us, which was sensational and an incredible model for the late 1980s.

LO | The re-planning of the Vienna branch was the beginning of my joint work with Manfred Bene. He approached the issue very freely, which was the basis for us even beginning the collaboration in the first place. At the time, we were young and had had great journalistic achievements and significant exhibitions, but had only very little input to provide the for very real demands which he placed upon the matter. Therefore, our initial rapprochement was

Typologie Arbeitsplätze
Work station typology

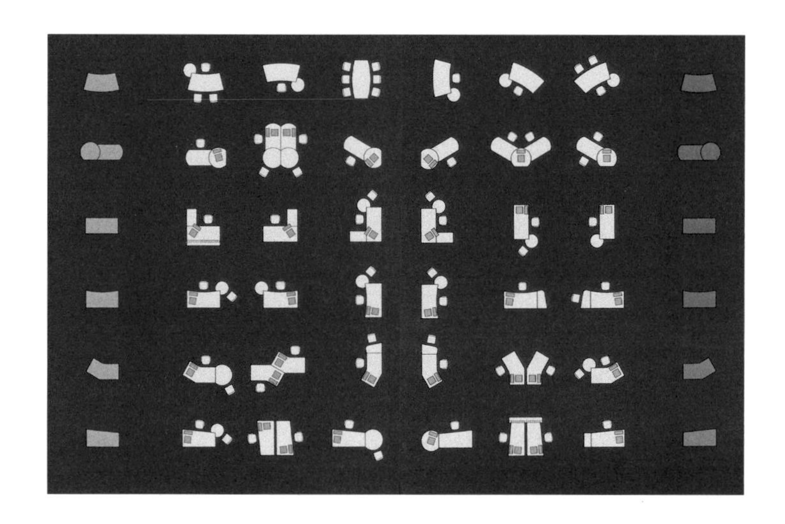

LO | Die Umplanung der Geschäftsstelle Wien war der Beginn meiner gemeinsamen Arbeit mit Manfred Bene. Er ist ganz frei an dieses Thema herangegangen, das war überhaupt erst die Basis, dass es zu so einer Zusammenarbeit kommen konnte. Denn zu dem Zeitpunkt hatten wir Junge noch sehr große publizistische Erfolge und bedeutende Ausstellungen gemacht, konnten aber für die realen Ansprüche, die er an das Thema gestellt hat, erst herzlich wenig einbringen. Deshalb war auch die erste Annäherung sehr behutsam und vorsichtig, weil wir nicht wussten, ob das funktionieren kann. Mit der Geschäftsstelle in Wien haben wir dann den ersten großen Schritt in eine Richtung getan, in der wir eine Perspektive sahen, die sich dann über Jahrzehnte auch entwickeln konnte.

Aber war es für einen – sagen wir – Künstler nicht eine Zumutung, sich dem Thema Büromöbel zu widmen?

LO | Es war von der ersten Minute an eine riesige Herausforderung. Plötzlich war ein Spagat notwendig von der ganz individuellen künstlerischen Leistung hin zu einer Arbeit, die für sehr viele Leute

very cautious and careful, because we didn't know if it would work. With the store in Vienna, we took the first big step in a direction where we saw a perspective that could continue to develop over the decades.

But wasn't it, for – say – an artist, an imposition to devote themselves to the subject of office furniture?

LO | It was a huge challenge from the very first minute on. Suddenly, a balancing act was necessary to span the gap between a very individual artistic achievement and creating a piece useful to a great number of people. That was actually what was always so fascinating about dealing with the topic of office furniture. The large number of objects it involves, the large number of users, the large number of products. These demands could no longer be fulfilled only at the drawing table or at your desk.

Managementprogramm OL.
Design: Laurids Ortner
OL Management Programme.
Design: Laurids Ortner

Geschäftsstelle Wien.
Architektur: Laurids Ortner, 1984
Branch office in Vienna.
Architecture: Laurids Ortner, 1984

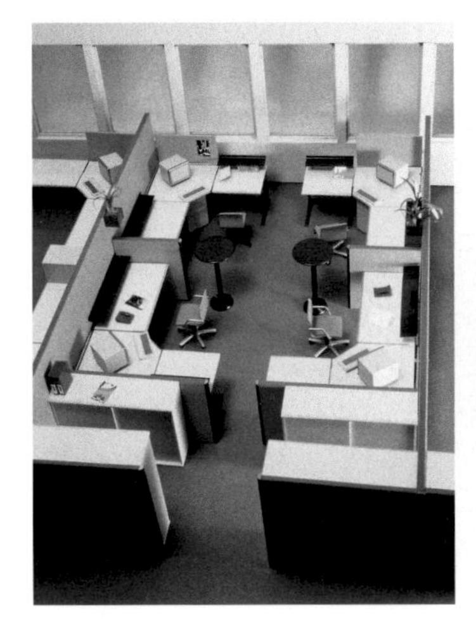

Raum-Layouts zeigen die Gleichwertigkeit von Produkt und Konzept.
Room layouts showing the equality of product and concept.

nützlich ist. Das war eigentlich immer das Faszinierende an der Auseinandersetzung mit dem Thema Büromöbel. Die große Zahl an Objekten, die dahinter steht, die große Zahl von Nutzern, die große Zahl von Produkten. Diesem Anspruch konnte man nicht mehr nur am grünen Tisch oder am Schreibtisch genüge tun.

Am Anfang des Erfolges der Firma Bene stand der gelungene Versuch, dem Thema Büro eine neue Wertigkeit zu geben. Wie ist man dieses Ziel angegangen?

MB | Wir haben uns mit dem Thema Büro-Layout auseinander gesetzt. Da haben wir von Architekten viel gelernt, die ein Haus bauen und bis zur Inneneinrichtung fertig stellen. Wir haben in die Forschung investiert, Layouts von Büroräumen und Produkte entwickelt, die den entsprechenden Nutzwert hatten. Das war der wesentliche Schritt. Vor allem haben wir immer Wert auf gutes Design gelegt und schon 1974 den ersten Staatspreis für Design bekommen, 1989 den zweiten. Die Arbeitsplätze, die wir entwickelt haben, waren konzipiert als Arbeitsplatz und Maschinenfläche. Obwohl es den Computer am Arbeitsplatz noch gar nicht gegeben hat.

The beginning of the Bene company's success was its successful attempt to give the "office" as such a new value. How did you tackle this goal?

MB | We took a good look at the whole subject of office layout. We learned a huge amount from architects who build a house and finalize it right down to the interior. We invested in research, developed office space layouts and products that were fitting and useful. That was the most important step. We have always placed value on good design above all. In 1974 we were awarded our first National Award for Design, in 1989 the second. The office spaces that we developed were designed to be a work area and a machine space, even though office computers didn't even exist yet.

And the others didn't do this?

MB | Most did not. To this very day, you can still go to the best companies in our industry and get only hardware to buy, and nothing else. We have always gone beyond this to include the layout and design of offices. Our product is the entire space.

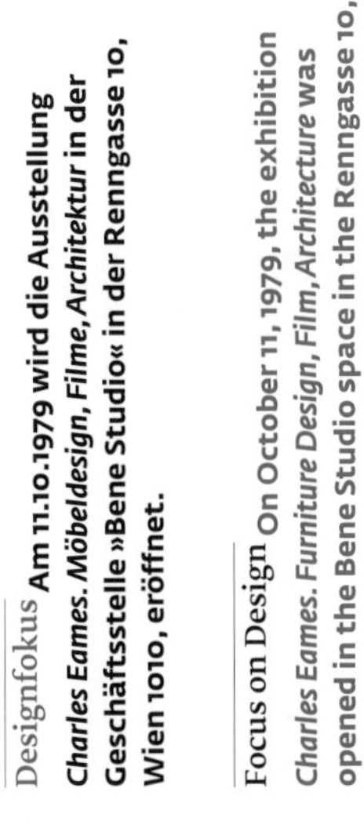

Designfokus **Am 11.10.1979 wird die Ausstellung *Charles Eames. Möbeldesign, Filme, Architektur* in der Geschäftsstelle »Bene Studio« in der Renngasse 10, Wien 1010, eröffnet.**

Focus on Design **On October 11, 1979, the exhibition *Charles Eames. Furniture Design, Film, Architecture* was opened in the Bene Studio space in the Renngasse 10, Vienna, 1010.**

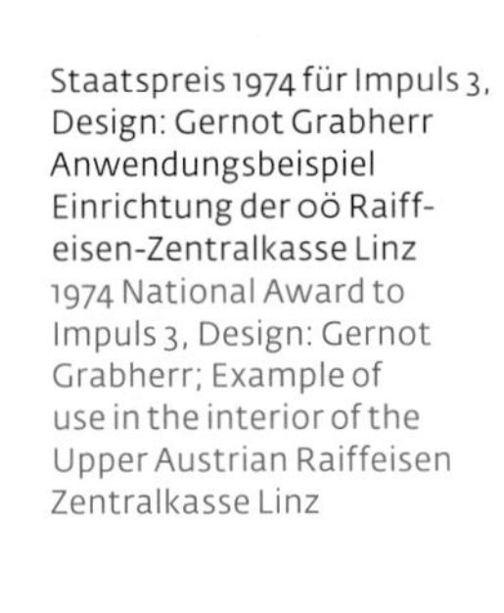

Staatspreis 1974 für Impuls 3, Design: Gernot Grabherr Anwendungsbeispiel Einrichtung der oö Raiffeisen-Zentralkasse Linz
1974 National Award to Impuls 3, Design: Gernot Grabherr; Example of use in the interior of the Upper Austrian Raiffeisen Zentralkasse Linz

»Arbeitgeber sind verpflichtet, Bildschirmarbeitsplätze ergonomisch zu gestalten.«

Aus: http://noe.arbeiterkammer.at/bilder/d142/Bildschirmarbeitsplatz_inet_2011.pdf

Und das haben andere nicht getan?

MB | Die meisten nicht. Bis heute gehen Sie zu den besten Firmen unserer Branche und bekommen dort Hardware zu kaufen und sonst nichts. Wir haben uns mit Layouts und Gestaltung von Büros beschäftigt. Unser Produkt ist der Raum.

LO | Die Atmosphäre dieser Räume war ganz besonders wichtig, um neue Lösungen zu bekommen. Es hat die Firma Bene deutlich von anderen Büromöbelherstellern unterschieden, dass sie immer auf eine ganzheitliche Lösung losgegangen ist, auch wenn damals in der ganzen Produktpalette noch Verschiedenes gefehlt hat. Primär stand die Qualität des Raumes im Vordergrund, die Möglichkeiten der Mitarbeiter, die hier arbeiten. Dieses Ziel war wie eine Zugmaschine, die alle Ideen und thematischen Auseinandersetzungen über die Jahrzehnte angetrieben hat.

LO | The atmosphere of these spaces was a particularly important aspect of arriving at new solutions. The Bene company was significantly different from other furniture manufacturers in that they always aimed for a holistic solution, even though back then various things were still missing from the full product range. Quality of space stood primarily in the foreground, creating options for the employees working there. This driving goal was like a tractor pushing all the ideas and conceptual discussions through the decades.

Katalog zur IFABO 71, Vorstand der Arbeitsgemeinschaft Büroorganisation

IFABO 71 catalog, board members of the Arbeitsgemeinschaft Büroorganisation

Maßstab 1:1 **Die erste IFABO (Internationale Fach-Ausstellung für Büro-Organisation) findet im Februar 1970 im Wiener Messepalast statt. Anfangs jährlich, wird sie später bis zu ihrem Ende 2002 im Zweijahresrhythmus abgehalten. Für den Aufbau der Marke Bene als Leistungsschau im Maßstab 1:1 ist die Fachmesse von großer Relevanz. International ist Bene auf der ORGATEC in Köln vertreten.**

A Scale of 1:1 **The first IFABO (International Trade Exhibition for Office Organization) takes place in February of 1970 at the Wiener Messepalast. Initially an annual event, it is later organized biannually until its end in 2002. A means of exhibiting their products on a 1:1 scale, this exhibition is of great relevance to the growth of the Bene brand. Internationally, Bene is represented at the ORGATEC in Cologne, Germany.**

Messepräsentation, IFABO
Trade fair presentation, IFABO

Viele Menschen verbringen ein Drittel ihres Lebens in einem Büro. Wie konnten Sie die Unternehmer bewegen, dafür mehr Geld aufzuwenden, sie überzeugen, dass Investitionen Frucht bringen?

MB | In erster Linie durch Vorbildwirkung. Wir haben den Unternehmern, den Managern gezeigt, wie gute Büros ausschauen können, wie das Leben anders aussehen kann. Ganz großen Stellenwert hatte der Ausbau der Schulung, der Qualifikation von Mitarbeitern, die fähig sind, Büroräume zu gestalten. Und ein wichtiges Thema war die IFABO, die internationale Fachmesse für Büroorganisation. Eine Handvoll Leute, darunter Peter Noever und eben ich, haben damals dafür einen Verein gegründet und von der Wiener Messe den einstigen Messepalast gemietet. Ich bin im zweiten Jahr der Präsident des Vereins gewesen, und wir hatten 30.000 Besucher bei jeder Messe gehabt. Den Erfolg hatten wir trotz allen Widerstands. Da sind wir als nicht einmal 30jährige Buben gekommen und wollten den Managern der Wiener Messe AG zeigen, wie man Ausstellungen macht! Später haben sie uns die IFABO abgekauft.

A great many people spend a third of their life in an office. How were you able to convince businesses to spend more money for the office, to convince them that such an investment would bear fruit?

MB | In the first place, by being a role model. We showed entrepreneurs and managers what good offices can look like; showed them how life can be different. The development of training was a top priority for us, educating qualified employees able to design office spaces. The IFABO was a major issue, the international trade fair for office organization. A handful of people, including Peter Noever and I, founded an association and rented the former exhibition hall from the Wiener Messe. I was the president of the association during the second year, and 30,000 people visited each of the expositions. The success we had was in spite of all the resistance. There we were, boys not even thirty years old, who came and wanted to show the managers of the Wiener Messe AG how to do an exposition! Later, they bought the IFABO from us.

"Employers are required to make workstations ergonomic."

From: http://noe.arbeiterkammer.at/bilder/d142/Bildschirmarbeitsplatz_inet_2011.pdf

»Lange bevor sich Architekten, Unternehmer und Büromöbelhersteller das Thema ›Büro‹ in seiner Gesamtheit zu überlegen begannen, hatte der Film diesen Ort längst als ›heiß‹ vor Augen geführt und dem ›braven‹ Zuhause gegenüber gestellt.« Aus: Laurids Ortner, Büro im Film, hrsg. von Bene, Red. Meinrad Fixl Laurids Ortner, Joseph Pausch, Dietmar Steiner, s. l., s. a., s. p.

Hat beim Erfolg auch die Eitelkeit der Geschäftsführer eine Rolle gespielt, die ein besonderes Büro wollten und es daher anderen auch geben mussten?

MB | Bis zu einem gewissen Maß schon, aber es ist eher doch die soziale Verantwortung des Managers für seine Mitarbeiter, für das Unternehmen und dessen Erscheinungsbild. Es geht also nicht so sehr um die Eitelkeit des Einzelnen, sondern um die Identität eines Unternehmens.

LO | Und es ist ja auch eine ganz vernünftige Überlegung, für eine Qualität zu sorgen, die Mitarbeiter hält und an die Firma bindet und ihnen die Qualität vermittelt, die Spaß macht. Das kommt ja letztlich wieder zurück.

Kann man den Anteil der gelungenen Büroausstattung an der Zufriedenheit der Mitarbeiter überhaupt einschätzen?

Did the vanity of CEOs play a role in the success – wanting a special office and therefore having to supply it to others, too?

MB | To a certain extent yes, but what is even more prevalent is the social responsibility of the manager for his staff, for the company and for its image. So, it's not so much about the vanity of the individual, but more about the identity of the company.

LO | And it's also a very sensible idea to ensure qualities that keep employees, binding them to the company and providing them with a work environment quality level that is fun. That's what comes back in the end.

Is it even possible to measure the success of office equipment by estimating the satisfaction of the employees?

Neujahrskarte. Während der eine noch schläft, träumt der andere schon die Wirklichkeit von morgen. Va bene. 1990.
New Year's card. While one is still sleeping, the other is already dreaming the reality of tomorrow. Va bene. 1990.

“Long before architects, contractors, and office furniture companies even began to think about the overall concept of the ‘office’, movies were already portraying it as ‘hot’ and contrasting it the ‘innocent’ home.” From: Laurids Ortner, Büro im Film, ed. By Bene Office Furniture, eds. Meinrad Fixler, Laurids Ortner, Joseph Pausch, Dietmar Steiner, s. l., s. a., s. p.

LO | Man kann das gar nicht hoch genug bewerten, auch wenn es nicht messbar ist. Die Qualität der Büroausstattung entscheidet nicht nur über die acht, zehn Stunden, in der jemand arbeitet, sondern geht weit darüber hinaus. Sehr viel passiert an diesem Ort. Hier ist das reale Leben, und da kann der Ort gar nicht genug ausgestattet sein.

Und es fördert das Image der Firma, wie Sie bereits gesagt haben.

MB | Auch das. Aber die Inhalte waren uns viel wichtiger. Laurids Ortner hat für das Büro den Begriff »Der heiße Ort« geprägt. Das Büro als Ort, an dem alles passiert. Da findet nicht nur statt, was uns beruflich weiterbringt, sondern es gibt auch sehr viele Freundschaften, viele weiterführende Bekanntschaften. Er ist ein fester Umschlagplatz des Lebens. Wir hatten das dann polarisiert im Unterschied zur Wohnung. Im Büro verbringt man nicht nur tatsächlich den größten Teil des Lebens, es ist auch der Platz für alles, was weit darüber hinausführt.

LO | One can not overestimate how important it is, even if it’s not measurable. The quality of the office equipment and furniture not only influences the eight or ten hours during which a person works, it goes far beyond that. A lot happens in the work place. Real life happens there, meaning that it can never be equipped well enough.

And it promotes the image of the company, like you said before.

MB | This too. But the inner workings were much more important for us. Laurids Ortner coined the term “hot spot” for the office. The office is a place where everything happens. It is not just a place to advance our career, it is also where many friendships and important acquaintances are made. It is a solid hub of life. We put it in contrast to a residence. The office is not only the place where you actually spend the majority of your life, it is also a place for everything that goes far beyond.

Werbesujet: Er vertraute den Fakten. Sie gaben ihm recht … Sie verließ sich auf ihre Intuition – und behielt recht. Va bene.
Advertisment: He trusted the facts. They said he was right … She relied on her intuition – and proved she was right. Va bene.

Logos: 1950er, 1960er, 1970er, 1980er, 1990er, aktuell
Logos: 1950s, 1960s, 1970s, 1980s, 1990s, currently

bene

bene büromöbel

bene

Das konnten Sie durch geschickte Werbung auch gut in der Öffentlichkeit positionieren.

MB | Das Büro als Lebensraum haben wir tatsächlich propagiert. Oder Sätze wie »Zuerst bestimmen wir das Umfeld, dann das Umfeld uns«. In Österreich ist uns das aufgrund unseres enorm hohen Bekanntheitsgrades gelungen. Erstens habe ich schon früh viel Geld in die Hand genommen, um Werbung zu machen. Und 1967 habe ich mit meinem Onkel, der die berühmten Ordner produziert hat, vereinbart, dass wir den gleichen Schriftzug entwickeln und übernehmen. Wir haben Werbung in den Medien gemacht, und umgekehrt haben zehn Millionen Ordnerrücken für uns geworben, die in den Bürokästen gestanden sind. Auch wenn es die Firma Büroartikel Bene, mit der wir ja nichts zu tun hatten, seit einigen Jahren nicht mehr gibt, waren wir seither überall präsent.

Und es gab einige bemerkenswerte Kampagnen, die eingeschlagen haben.

MB | Anfang der 70er Jahre brachten uns Werbekampagnen hohe Bekanntheit, durch den Widerstand, die sie erregt haben. Der Text eines Sujets hat gelautet: »Ich liebe meinen Chef, er hat

And through clever advertisement, you were able to position yourself well with the public.

MB | Yes, we propagated the concept of the office as a habitat. Or phrases such as, "First, we define the environment, and then the environment us." We were successful with this in Austria because of our enormous visibility. First, I put a lot of money into advertising early on. And in 1967, I came to an agreement with my uncle, the producer of the famous ring binders, that we develop and use the same lettering. We advertised in the media and, reciprocally, ten million binder back advertised for us from the shelves and desks of the offices. Even though the Büroartikel Bene company (office products), with which we were not involved, has no longer been in existence for a few years, we have been everywhere since the collaboration.

And there were several notable campaigns that really took off...

MB | In the early 70s, our ad campaigns gained us a huge amount of recognition through the controversy that they provoked. The text of one ad was, "I love my boss, he finally benefited himself." You can't imagine what kind of controversy this raised, from the

Logo Bene Büroartikel
Logo Bene Office Supplies

Büroartikel **1929 von Karl Bene, dem Onkel von Manfred Bene, in Wien gegründet, produziert das Unternehmen Büroartikel, bekannt sind vor allem die »Bene-Ordner«, die in den 1950er Jahren zum Exportschlager werden. Teile der Produktion übersiedeln 1974 von Wien in die Nähe von Wiener Neustadt, nach Erlach an der Pitten. Zehn Jahre nach dem Tod des Firmengründers erwirbt der Büroartikelanbieter Esselte 1996 das Unternehmen.**
Quelle: http://www.esselte.at/deAT/About/Geschichte_Bene.html

Office Supplies **Founded in Vienna in 1929 by Karl Bene, Manfred Bene's uncle, the company produces office supplies and is known above all for its "Bene folders," which became a major export in the 1950s. Some production segments are moved from Vienna to Erlach an der Pitten in 1974, near Wiener Neustadt. In 1996, ten years after the death of the company's founder, it is bought by the office supplies company Esselte.**
Source: http://www.esselte.at/deAT/About/Geschichte_Bene.html

sich endlich benefiziert«. Man kann sich gar nicht vorstellen, was das für Widerstände ausgelöst hat, vor allem bei der Kirche und bei der ÖVP. Und am Silvestertag 1971 haben wir in einer Tageszeitung die Seiten 10 und 11 gebucht, mit dem Text: »Laßt Kreisky und sein Team arbeiten. Auf Bene.« Da habe ich einmal irrsinnig viel Geld ausgegeben, aber das Inserat wurde legendär. Plötzlich hat jeder Mensch in Österreich Bene gekannt. Obwohl's natürlich auch daran heftige Kritik gegeben hat. Jedenfalls hat Kreisky zwei Wochen später nach der Frau Norden geschickt, unserer legendären Geschäftsstellenleiterin in Wien. Kreisky wurde ein langjähriger Bene-Kunde.

Das muss doch alles viel Spaß gemacht haben.

MB | Es war eine heiße und lustige Zeit, eine experimentelle und mutige Zeit. Die IFABO, die Anzeigenkampagnen von Kreisky bis zur Sekretärin. Wir haben Werbefilme gemacht, Werbespots im Fernsehen mit Axel Corti.

church and the Austrian People's Party in particular. And on New Year's Eve 1971, we filled pages 10 and 11 of a daily newspaper with the words, "Let Kreisky and his team get to work. On Bene." I spent a ton of money at once for that one, but the ad was legendary. Suddenly everyone in Austria knew the name Bene. Although, of course, there was also heavy criticism. In any case, two weeks later Kreisky (former Austrian Chancellor) sent for Mrs. Norden, our legendary branch manager in Vienna, and became a long-lasting Bene customer.

This must have all been a lot of fun.

MB | It was a hot and fun time, experimental and daring. The IFABO and the ad campaigns from Kreisky to the secretary. We made promotional films and TV commercials with Axel Corti.

Laßt Kreisky
und sein Team
arbeiten!
Auf
Bene.

Werbekampagne in Anspielung auf den Slogan aus der NR-Wahl 1971
Kurier, 31. 12. 1971

Advertising campaign alluding to the slogan, from the 1971 Austrian parliament election
Kurier, 31. 12. 1971

»Es wird ja richtig wohnlich in Ihrem Büro, sagte die Krahl und leckte sich mit der Zunge über die Oberlippe. So etwas konnte Bellheim jedoch nicht mehr nervös machen.« Aus: Paulus Hochgatterer, Rutkys Aufstieg, in: Von 8 bis 5, Literaturpreis 1994, hrsg. von Bene, Wien 1994, S. 62

Sie haben aber auch einen Literaturwettbewerb veranstaltet, der nicht so gut ausgefallen ist, weil die meisten Schriftsteller mit Büros nichts anfangen konnten.

MB | Stimmt. Aber den dritten Preis hat Paulus Hochgatterer bekommen, der damals noch nicht so bekannt war. Wir haben jedenfalls auch viel mehr riskiert. Das war, weil damals eigentlich gar nichts schief gehen, nichts falsch sein konnte.

Das klingt sehr locker. Aber es war sicher auch viel Arbeit.

MB | In meinen ersten zehn Jahren sicher. Ich habe Produkte entwickelt, die Arbeitsvorbereitungen gemacht, die Produktion aufgebaut, fotografiert, kalkuliert, ich habe wirklich gearbeitet; zwölf Stunden am Tag, sieben Tage in der Woche, um überhaupt etwas auf die Beine zu stellen. Dabei habe ich in meinem ersten vollen Jahr knapp sieben Millionen Schilling Umsatz gemacht. Das war eine Micky-Maus-Firma.

You also organized a literary competition that didn't turn out so good, since most writers couldn't warm up to the topic of offices.

MB | True. But Paulus Hochgatterer, who wasn't very well-known at the time, won third place. We certainly risked a lot more back then. That was because nothing could really go awry, nothing could be the wrong thing.

That sounds very casual. But surely it was a lot of work.

MB | In my first ten years for sure. I developed products, made up operation schedules, built up production, photographed, calculated. I really worked twelve hours a day, seven days a week just to get something going. And in my first full year I barely made seven million schillings of sales. It was a Mickey Mouse company.

Literaturwettbewerb 1994 **Beim Wettbewerb, mit dem der Lebensraum Büro als literarisches Motiv etabliert werden soll, gewinnt Lisa Witasek mit »Die Sekretärin, ihr Mann, meine Männer und ich«, Hahnrei Wolf Käfer erhält mit »Laufmasche von A bis Z« den 2. Preis. Paulus Hochgatterer macht den 3. Preis. Die Jury setzt sich zusammen aus Herber Lachmayer (Uni Linz), Christian Lunzer (Löcker Verlag), Anton C. Hilscher (Manz Verlag) und Gerhard Kofler (Grazer Autorenversammlung).**

Literature Competition 1994 **The competition, meant to establish the office environment as a literary motif, is won by Lisa Witasek with the short story "The Secretary, Her Husband, My Men and I." 2nd prize goes to Hahnrei Wolf Käfer for Run from A to Z, the 3rd prize to Paulus Hochgatterer. The jury is composed of Herber Lachmayer (Uni Linz), Christian Lunzer (Löcker publishing house), Anton C. Hilscher (Manz publishing house) and Gerhard Kofler (Grazer Autorenversammlung).**

"'Your office is getting to be real homey,' said Krahl, licking her tongue across her upper lip. But this kind of thing didn't make Bellheim nervous anymore."

From: Paulus Hochgatterer, Rutkys Aufstieg, in: Von 8 bis 5, Literature Award 1994, ed. by Bene, Vienna 1994, p. 62

LO | Aber in Wirklichkeit war es natürlich keine Arbeitszeit, sondern Lebenszeit.
MB | Es war Lebenszeit, es war toll.
LO | Das ist der eigentliche Punkt. Man kann es nicht auseinander dividieren, hier fängt das Privatleben an, dort die Arbeit. Das fließt ineinander. Und für diesen Lebensraum braucht man die bestmögliche Ausstattung.
MB | Es ist 50 Jahre lang eine tolle Zeit gewesen. Aber nicht nur damals. Ich finde es heute genauso aufregend, Neues zu kreieren, zu erschaffen. Es geht mir immer noch alles viel zu langsam. Noch dazu, wo ich jetzt ein Ablaufdatum habe. Aber ich würde gerne noch viel mehr bewegen, ungewöhnliche Dinge auf die Welt bringen, wie wir es damals ja wirklich getan haben. Es war einfach ein aufregendes Leben.

Wenn man Manfred Bene sieht, weiß man, dass Arbeit jung hält. Konnten Sie auch loslassen, andere etwas tun zu lassen?

LO | But actually, it wasn't really working time, it was living time
MB | It was the time of our life, it was great.
LO | That's the actual point. You can't divide it into "this is my private life and this is where work begins." They flow into each other. And this living space needs the best possible facilities.
MB | It has been a great time for 50 years. Not only then, I find it just as exciting today, to create new things, to fabricate. It all still goes much too slow for my taste. Especially now that I have an expiration date. But I would still like to put more stuff into motion, to bring more unusual things into the world, like we used to do. It was an exciting life, for sure.

A look at Manfred Bene says that works keeps you young. Were you also able to let go, to let others do things?

Manfred Bene 1987

Laurids Ortner 1987

LO | Es war nicht direkt notwendig, loszulassen oder zu delegieren, sondern es hat sich sehr vieles im direkten Gespräch, im direkten Angreifen, im Machen vor Ort entwickelt. Das war das Phantastische an dieser Zusammenarbeit, und deswegen hat sie sich auch so lange gehalten.

MB | Laurids Ortner und ich haben 30 Jahre intensiv zusammengearbeitet. Aber diese Frage muss ich anders beantworten. Die Details, die Umsetzung, die Administration, das hat mich nie wirklich interessiert. Ich bin immer hinter den Meilensteinen her gewesen, aber habe sie nicht bis zum letzten Beistrich ausformuliert. Ich habe den Mitarbeitern alle Freiheit dieser Welt gegeben, und darum ist diese Firma auch gewachsen, und die Leute haben sich engagiert.

Ich möchte noch einmal zurückkommen zu dem Satz »Zuerst bestimmen wir das Umfeld, dann das Umfeld uns«. Was steckt hinter dieser Formulierung konkret?

LO | It was not really necessary to let go or delegate per se. A lot took place on a personal level, by directly touching things, by developing on site. That's what made the collaboration so fantastic and also the reason that it has held for so long.

MB | Laurids Ortner and I have worked intensively together for 30 years. But I have to answer the question differently. The details, the implementation, the administration have never really interested me. I have always been the drive behind the milestones, but I'm not the one who formulates them down to the last comma. I gave the employees all the freedom in the world, and that's why this company has grown so well, and why the people are so committed.

I want to come back around to the phrase, "First, we define the environment, and then the environment us." What does this sentence actually mean?

»Je mehr sich die Zeiten ändern in Richtung Virtualität und Mobilität, desto mehr brauchen wir einen Raum, an dem wir uns ›festhalten‹ können.«

Aus: Harry Gatterer, Räume der Arbeit. Trendreport zu Büro- und Arbeitswelten, hrsg. von Bene, Wien 2009, S. 88

"The more virtual and mobile times become, the more we need a place we can 'hold on' to."

From: Harry Gatterer, Räume der Arbeit. Trendreport zu Büro- und Arbeitswelten, ed. by Bene, Vienna 2009, p. 88

LO | Ein wichtiger Aspekt ist die Atmosphäre. Wer in einen Raum kommt, spürt sofort, ob ihn etwas animiert oder der Raum ihm ein gutes Gefühl vermittelt. Aber wie kann man das konkretisieren? Das geschieht durch neue, zusätzliche Möbelstücke, durch Arrangements, durch Ensembles, die es vorher so nicht gegeben hat. Zuerst hat die Idee existiert, und die hat sich dann ganz konkret in die Produktwelt eingeschleust. Es war notwendig, dass man die Atmosphäre an den Dingen festmacht. Da brauchte es immer wieder neue Möbel, neue Raumkörper. Und das hat sich bis heute nicht geändert.

Wie sehr haben die Kunden bei konkreten Fragen Einfluss genommen?

LO | Verblüffenderweise musste man die Leute mit der Nase darauf stoßen, dass hier ein ganz wichtiger Ort einzurichten ist, der nicht nur für sie bestimmt ist, sondern für die Firma und die Mitarbeiter. Da ist erstaunlich wenig Bewusstsein da, wie wichtig diese Aspekte sind, für die man gutes Geld in die Hand nehmen sollte, weil es wieder zurückkommt.

LO | Atmosphere is a very important aspect. When you come into a room, you instantly sense if it is enlivened or has been imbued with a good feeling. But how can one specify this? It happens through new or additional pieces of furniture, through arrangements and ensembles that did not previously exist as such. The idea came first, and then the idea was concretely incorporated into the product palette. It was necessary to instill the objects with an aura. This meant that new pieces of furniture and new room spaces were continually necessary. This is something that has not changed today.

How much influence did customers have on specific issues?

LO | Amazingly, people's noses had to bump right up to the fact that the office is a very important place, intended not only for them but for the whole company and the employees. There is surprisingly little awareness of how important these aspects are and that one should put good money towards it, because it comes back.

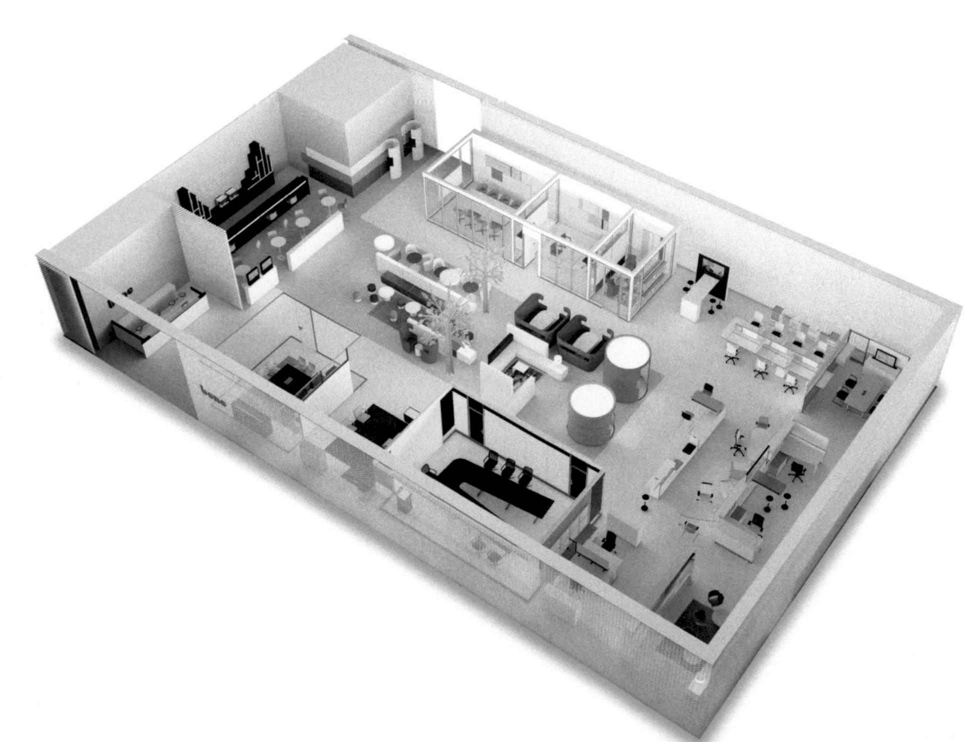

Messepräsentation, ORGATEC Köln 2010
Trade fair presentation, ORGATEC Köln 2010

Büro im Swiss-Re Tower London. Architektur: Norman Foster, 2004
Office in the Swiss-Re Tower London. Architecture: Norman Foster, 2004

Die Firma Bene ist bald ins Vollsortiment gegangen. Was war der Anlass?

MB | Das hat mit unserem Vertriebskonzept zu tun. Als ich begann, einen eigenen Vertrieb aufzubauen, war mir bald klar, dass er als Rückgrat Produkte von zehn Firmen braucht. Das hatte keinen Sinn. Wenn wir eine eigene Vertriebsorganisation haben, brauchen wir auch unsere eigenen Produkte. Das schafft dann diese große Programmbreite. Es ist ein Zwang, aber wenn ich ein bestimmtes Niveau erreicht habe, muss ich es auch durchhalten. Die notwendige Vielfalt bekomme ich am Markt ja gar nicht.

Es war also im Verkauf notwendig, die Breite anbieten zu können. Der Käufer will alles aus einer Hand haben, und das sofort.

MB | Ja, am besten funktioniert dieses System dort, wo der Architekt den maximalen Einfluss hat. Wo der Bauherr – und das ist in England zum Beispiel sehr entwickelt, zum Teil auch in Frankreich – dem berühmten Architekten den Auftrag gibt, ein

The Bene company soon went over to a full range of products. What was the occasion?

MB | This was part of our business concept. When I started to build up our own sales and distribution, I soon realized that it would take products from ten different companies to form its backbone. That didn't make sense. If we have our own sales network then we need our own products. This led to the broad range of products. It is a compulsion of mine that once I attain a certain level, then I have to maintain it. And the diversity that I need isn't even available on the market.

So it was necessary for sales to be able to provide a broad range. The consumer wants to have everything under one roof, and have it fast.

MB | Yes, and this system works best when the architect has the most possible influence. Where the client – and this system is very common in England for example, and sometimes in France – hires

Vertrieb **Unter dem Begriff »Sales Net« läuft das Vertriebssystem über den Direktkontakt mit dem Kunden. Über eigene Geschäftsstellen und qualifizierte Fachhandelspartner in über 30 Ländern auf der ganzen Welt erfolgt die Betreuung mit einer elaborierten Logistik.**

Distribution **The distribution system, called the "sales net," is based upon direct customer contact. Elaborate logistics ensure customer care through Bene's own shops and qualified business partners in over 30 countries throughout the world.**

Haus zu bauen und es bis zur letzten Türschnalle fertigzustellen. Das macht zum Beispiel Norman Foster. Der garantiert sein Niveau im ganzen Haus. Das sind dann auch für uns die besten und schönsten Aufträge.

Der Name Bene klingt eigentlich nach einer Abkürzung. Sind Ihre Kunden manchmal überrascht, dass da ein konkreter Mensch dahinter steckt?

MB | Das passiert heute noch, dass wir irgendwo zum Kunden oder Architekten gehen, und der sagt: »Ah, Bene kommt ja aus Italien, kann man das essen?« Das ist natürlich mit ein Grund, warum wir in Wien unser neuer Flagship-Store in der Neutorgasse gebaut haben. Es ist notwendig, wichtige Kunden nach Österreich zu bringen und denen überhaupt erst einmal Bene vorzustellen. Einen schönen Katalog kann jeder machen. Mit einem romantischen Hintergrund schaut jeder Schreibtisch gut aus. Wir bringen die Kunden nach Wien, wir präsentieren uns dort auf einem sehr guten Niveau, wir zeigen ihnen ein paar Projekte in Wien, am Abend laden wir sie noch zum Heurigen ein, am nächsten Tag kommen sie nach Waidhofen und dann nehmen sie ein Bild mit. Wenn der Kunde bereit ist, diese Zeit zu investieren, sind zwei Drittel des Auftrags gelaufen.

a famous architect to build a house and finish it right down to the last doorknob. Norman Foster does this, for example. This guarantees his level of quality throughout the entire house. These type of jobs are, for us, the best and nicest ones.

The name 'Bene' sounds like an abbreviation. Are your customers sometimes surprised that a real person is behind it?

MB | It happens even today. We go somewhere, to a customer or an architect, and they say, "Ah, yes, Bene comes from Italy, can you eat it?" Of course, this is one of the reasons we built our new flagship store in Vienna in the Neutorgasse. It is important to bring major customers into Austria and to simply introduce them to the Bene company in the first place. Anybody can make a nice catalog. Any desk looks good with a romantic background. We bring the customers to Vienna, where we present ourselves at a very high level, we show them a few of our projects in Vienna, in the evening we invite them out to a wine tavern, and the next day they come to Waidhofen. Then they have an image of us. If a customer is willing to invest this time, two thirds of the job is clinched.

Neuer Standort Wien: Neutorgasse. Architektur: RATAPLAN, Büro: SOLID architecture & Bene ShowRoom Design, 2010
New Vienna branch: Neutorgasse. Architecture: RATAPLAN, Office: SOLID architecture & Bene ShowRoom Design, 2010

Geschäftsstelle Klagenfurt, Architektur: henke und schreieck Architekten, 2002
Klagenfurt branch, Architecture: henke and schreieck Architekten, 2002

Bei den Schauräumen geht es darum zu sehen, dass es funktioniert.

LO | Das ist ein ganz wichtiger Punkt. Wir leben dort vor, wie es funktionieren könnte. Natürlich wird bei den Schauräumen stilisiert und idealisiert. Wir präsentieren eine verdichtete Situation dessen, was der Kunde eigentlich braucht.
MB | Wir wollen authentisch sein. Das war mir immer enorm wichtig. Wir leben so, wie wir es unseren Kunden, unseren Verkäufern, unseren Architekten vermitteln. Wir leben alle so. Ob hier oder in Klagenfurt oder in Berlin, wo auch immer. Wir leben diese Welt wirklich und das ist so wesentlich für die Glaubwürdigkeit unserer Mitarbeiter.

Wie kann man sich die Zusammenarbeit Bene-Ortner vorstellen?

LO | Die entwickelt sich aus der Aufgabe selbst. Wenn eine Geschäftsstelle neu einzurichten ist, muss man darüber nachdenken, was man alles verbessern, wie man Verschiedenes intensivieren kann, von Produkten angefangen bis hin zum

The showrooms are about seeing that it works.

LO | That is a very important point. We show the reality of how it could work there. Of course, the show rooms are stylized and idealized. We present a consolidated situation of what customers really need.
MB | We want to be authentic. That was always very important for me. We live just the way that we show our customers, our dealers, and our architects. We all live this way. Whether here or in Klagenfurt or in Berlin or wherever. We actually live this world, which is very essential to the credibility of our employees.

How could one portray the Bene-Ortner collaboration?

LO | As evolving from the task itself. If there is an office to refurnish, we have to think about everything that we can improve, how we can strengthen various aspects, ranging from single products to the whole arrangement. In terms of the product itself, there are certain demands that arise in daily business that we try to fulfill

SEAT ART 2008 **Der Schalensessel Rondo ist 2008 Ausgangspunkt eines Kreativ-Wettbewerbs, zu dem zehn ausgewählte Architekturbüros und zehn Designstudios eingeladen werden. Die prominent besetzte Jury wählt einen Kurzfilm von Gharakhanzadeh Sandbichler Architekten, in dem sich das Möbel auf Identitätssuche begibt. Den 2. Platz belegen SOLID architecture, den 3. Platz Felix Keller. Anerkennungspreise gehen an Caramel Architekten und Polka.**
Quelle: http://bene.com/bueromoebel/seat-art-2008.html?OpenDocument&mod=Magazine

SEAT ART 2008 **The Rondo bucket seat is chosen as the starting point for a creative competition to which ten architecture offices and ten design studios are invited to participate. The prominent jury chooses as the winner a short film by Gharakhanzadeh Sandbichler Architekten that shows the piece of furniture seeking its identity. SOLID architecture takes 2nd place, and Felix Keller 3rd place. Honorable mentions go to Caramel Architekten and Polka.**
Source: http://bene.com/bueromoebel/seat-art-2008.html?OpenDocument&mod=Magazine

Aus der Serie Kizz, Design: Laurids Ortner mit Christian Kreiner und Johannes Karl
From the Kizz series, Design: Laurids Ortner with Christian Kreiner and Johannes Karl

ganzen Arrangement. Bei den Produkten selbst gibt es natürlich auch Anforderungen, die sich aus dem Tagesgeschäft ergeben, die wir systematisch zu erfüllen versuchen. Dann gibt es Gespräche. Da redet man darüber, da gibt es Prototypen, an denen herumgefeilt wird. So spielt sich die Zusammenarbeit ab, aber nicht so, dass irgendjemand schlecht geträumt hat und in der Früh sagt: »So, jetzt machen wir ein neues Programm!«

Sie haben zum Beispiel das Sitzmöbel Kizz entwickelt. Da geht die Kreativität schon über das Tagesgeschäft hinaus.

LO | Auch hier funktioniert es ähnlich. Die Produkte definieren sich zuerst einmal als Aufgabenstellung. Ich brauche einen leichten Sessel, der sich auch in großer Stückzahl für Konferenzen eignet. Er muss also stapelbar sein. Jetzt überlegen wir uns, was gibt es schon, und wie könnte man das, was es gibt, um das geforderte Quäntchen erweitern, nach vorne bringen? Bei uns ist es wie in der Automobilbranche, wo es ein dichtes Feld gibt. Das kann man nicht einfach hinter sich lassen, sondern muss um dieses Quäntchen vorne sein.

systematically. And then there are also discussions. We talk about something and play around with prototypes. That's how our collaboration works, not that someone has a bad dream and says in the morning, "So, we are going to create a whole new product line!"

You developed, for example, the Kizz line of seating furniture. In this case, creativity clearly goes beyond just daily business.

LO | Here again, the process is similar. The products are initially defined as a task. I need a light chair that is suitable in large quantities for conferences. Therefore, it has to be stackable. Then we start considering what already exists, and how we can improve what there already is, how can we bring it forward a tick? Our sector is like the automotive industry in that the playing field is quite dense. You can't just leave that behind, but you have to take it a little bit forward.

Aus der Serie PARCS
From the PARCS series

MB | Das ist ein wesentlicher Punkt, den Laurids hier anspricht. Wir haben nie – und das ist eine Grundsatzhaltung – avantgardistische Produkte gemacht und uns dem Zeitgeist angepasst. Wir müssen in jeder Hinsicht prägend sein, in den Produkten, Konzepten, Layouts, in der Art, wie wir mit dem Kunden kommunizieren, meinungsbildend sind. Wir sind aus der Micky-Maus-Firma nur rausgekommen, weil wir versucht haben, durch unsere Ideen und Konzepte beeinflussend, prägend zu sein. Wir wollten in der Entwicklung und im Design immer nur zehn Prozent vorne sein, damit unsere Produkte für den Markt und die Kunden verständlich und zu akzeptieren waren. Alle Firmen, die wirklich avantgardistische Produkte gemacht haben, sind irgendwann damit gescheitert, weil sie keine Breite gefunden haben. Man muss den Menschen nahe sein, er muss in dieser Welt leben wollen. Fortschritt war stets angesagt bei uns, aber er war immer getrieben durch die Anpassung an Büromaschinenwelt und Computer oder jetzt eben das iPad. Diese Entwicklungen haben uns auf der einen Seite getrieben, und auf der anderen Seite haben

MB | That's an essential point that Laurids has mentioned. We have never – and this is our fundamental position – made avant-garde products or adjusted ourselves to fit the spirit of the moment. We have to be formative in every aspect, in our products, concepts, layouts, the way we communicate with our customers, how we form opinions. We were only able to leave the Mickey Mouse company behind because we aimed to be influential and formative through our ideas and concepts. We wanted our development and design to be just ten percent ahead, to make sure our products could be accepted and understood by the market and the customers. All companies that made really avant-garde products failed, at some point, because they didn't find broad acceptance. You have to be close to people, they have to want to live in this world. Progress has always been one of our key concepts, but it was always driven by the adaptation to office machinery and computers, or now the iPad. These developments drove us forward on the one hand, and on the other hand, we were influenced by the changing office types and layouts. Nobody

Coffice. Design:
Johannes Scherr, 2002
Coffice. Design:
Johannes Scherr, 2002

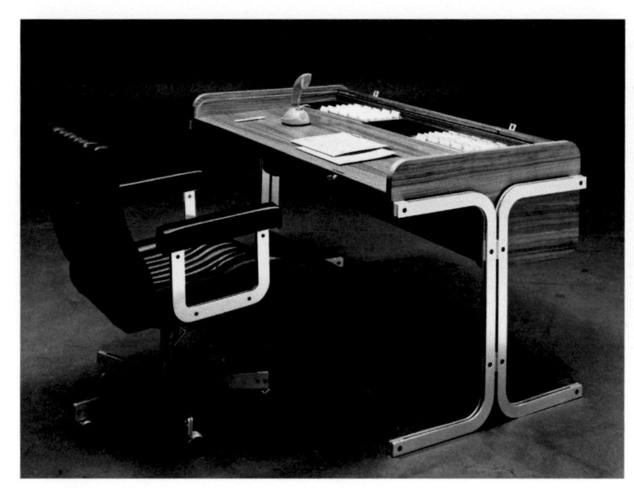

Managementprogramm c1.
Design: Bruno Echerer, 1973
c1 Management Programme.
Design: Bruno Echerer, 1973

uns die veränderten Büroformen und die veränderten Layouts beeinflusst. Kein Mensch würde heute mehr ein Zellenbüro bauen. Das gibt es nicht mehr. Heute gibt es den open space.

Um noch beim Stichwort avantgardistisch zu bleiben. Wenn ich sehr modern bin, dann bin ich auch sehr schnell unmodern.

MB | Eine gewisse zeitlose Grundhaltung ist ja schon deshalb notwendig, weil diese Dinge unendlich lange halten. Leider.
LO | Ich glaube, man muss viel mehr auf das Thema Zeitlosigkeit rekurrieren. Die Diskussion ist falsch, wenn wir sagen, das war zu modern, oder es ist zu wenig modern, oder das ist zu avantgardistisch. Darum ging es meiner Meinung nach nie, sondern es war immer die Frage, wie können wir eine gewisse Dauerhaftigkeit auf hohem Niveau herstellen. Das ergibt sich aus der Qualität des Alltags. Die Dinge müssen über den Tag hinaus funktionieren und anschaubar sein.

would build a cubicle office anymore. They no longer exist. Today, it's about open space.

Sticking with the word avant-garde… being very modern also means going out of fashion fast.

MB | A certain timeless approach is made necessary because we make things that keep infinitely long. Unfortunately.
LO | I think one has to resort much more to the theme of timelessness. It is all wrong to discuss whether something is too modern, or too avant-garde. In my opinion, this was never the issue, rather it was always a question of how to produce a type of agelessness at a high standard. This standard is evident in the qualities of day-to-day life. Things still have to function when their day is over, and look presentable.

Auszeichnungen (Auswahl) **Staatspreis für Design: 1989, 1974; red dot award: 2010, 2009, 2008, 2007, 2006, 2004, 2003, 2001, 2000; Designpreis der Bundesrepublik Deutschland: 2009; Focus Open: 2010; Innovationspreis Architektur & Office: 2010, 2004, 2002; iF Design Award: 2011, 2010, 2008, 1999, 1998; Good Design: 2009**
Quelle: http://www.bene.com/auszeichnungen

Awards (Selected) **Staatspreis für Design: 1989, 1974; red dot award: 2010, 2009, 2008, 2007, 2006, 2004, 2003, 2001, 2000; Designpreis der Bundesrepublik Deutschland: 2009; Focus Open: 2010; Innovationspreis Architektur & Office: 2010, 2004, 2002; iF Design Award: 2011, 2010, 2008, 1999, 1998; Good Design: 2009**
Source: http://www.bene.com/awards

Bauherrenpreis **Schauräume der Bene-Büromöbel KG Haus-Rucker-Co: 1982; Bürohaus Bene Haus-Rucker-Co/Laurids Ortner 1988; Office Pavillon Bene Zumtobel-Staff Klagenfurt henke und schreieck 2004**
Quelle: Zentralvereinigung der Architekten Österreichs

Bauherrenpreis (building awards) **Bene-Büromöbel Showroom Haus-Rucker-Co: 1982; Bene Office Building Haus-Rucker-Co/Laurids Ortner 1988; Bene Office Pavillion Zumtobel-Staff Klagenfurt henke und schreieck 2004**
Source: Zentralvereinigung der Architekten Österreichs

»Bald kommt es zu einer Revolution in der Anwendung von Papier durch das E-Paper. Dabei handelt es sich um Papier, das man wie einen biegsamen Monitor einsetzen kann.« Aus: Harry Gatterer, Räume der Arbeit. Trendreport zu Büro- und Arbeitswelten, hrsg. von Bene, Wien 2009, S. 104

Eine gewisse Büroeinrichtung wird ja immer gleich bleiben. Ich brauche zum Beispiel eine Platte, auf der ich schreiben kann.

MB | Die Platte selbst ändert sich nicht, aber gerade die Vielzahl an Geräten, die es heute gibt und die Andockmöglichkeiten benötigen, da brauche ich natürlich ein Kabelmanagement und anderes, das man vor 20 Jahren einfach nicht gebraucht hat. Es ändern sich auch die Bürotypen, von den ganz sesshaften bis zu jenen, die fast nie da sind, die nur kommen und sich irgendwo ins Firmennetz einloggen wollen, Arbeit erledigen und rasch wieder draußen beim Kunden sind. Da gibt es also ein weites Feld und der Arbeitsplatz muss dem einfach immer entsprechen. Die eigentliche Anforderung an ein Büro heute ist, dass es in ganz unterschiedlichen Arbeitssituationen funktionieren muss. Es gibt immer weniger Leute, die fix an einem Platz sitzen.

Some office furniture will indeed remain constant. For example, I need a plank upon which I can write.

MB | The plank itself doesn't change, but look at the multitude of devices that now exist and need places to dock, and then there are cable management systems and other things that simply weren't needed 20 years ago. Office workers are also changing, from the very deskbound to the ones that are almost never there, who just come to log into the company network, do their work and quickly get back out to where the customers are. So the range is vast, and the working areas absolutely must correspond. The actual requirement of an office today is that it functions in many different work situations. There are fewer and fewer people who sit permanently at one set place.

Raumsystem R-Plattform. Design: Johannes Scherr, 2010
R-Platform room system. Design: Johannes Scherr, 2010

T-Plattform »Slope«. Design: Christian Horner, Johannes Scherr, Kai Stania, 2008
"Slope" T-Platform. Design: Christian Horner, Johannes Scherr, Kai Stania, 2008

RM Raummodul. Design:
Johannes Scherr, 2010
RM Room Module. Design:
Johannes Scherr, 2010

B_Run. Design:
Justus Kolberg, 2009
B_Run. Design:
Justus Kolberg, 2009

Managementprogramm
P2_Group. Design:
Christian Horner, 2008
P2_Group Management
Programme. Design:
Christian Horner, 2008

Für welche Situationen muss die Firma Bene in der nächsten Zukunft eine Antwort finden?

MB | Da geht es um die Mischung der Arbeitsform zwischen Konzentration und Kommunikation. Ich arbeite eine halbe Stunde konzentriert, will möglichst wenig gestört sein, auch nicht von Schall und Licht. Dann drehe ich mich um und will mit drei Kollegen etwas besprechen, das dauert auch eine halbe Stunde. Der Austausch von Konzentration und Kommunikation wird viel wichtiger werden. Das früher übliche, ganz isolierte Arbeiten, das typische Zellenbüro gibt es nicht mehr. Diese Interaktion ist ein ganz wesentlicher Ansporn für die Zukunft. Da müssen einfach die Einrichtungen und die Layouts entsprechen.

Wird es das papierlose Büro geben?

LO | Diese Vorstellung gab es in den frühen 70er Jahren. Und die war genauso absurd wie die Vision, man könne das Büro überhaupt auflösen, weil jeder mit seinem Laptop irgendwo sitzt und alle vernetzt sind. Tatsache ist, dass die Kommunikation von Angesicht zu Angesicht immer wichtiger wird, je mehr Möglichkeiten wir

What situations will the Bene company level need to find solutions for in the near future?

MB | Right now it's about the combination of work-forms, between concentration and communication. I work for half an hour in concentration, and want disturbances reduced to a minimum, including those from sound and light. Then, I turn around and want to discuss something with three colleagues, this also takes a half hour. The interposition of concentration and communication will continue to become more important. The once typical, fully isolated working situation – the characteristic cubicle office – no longer exists. Interactivity is a key stimulation of our future. The office facilities and layouts absolutely must correspond to this.

Will the paperless office ever become reality?

LO | This is an idea from the early 1970s. It was just as absurd a vision as the one that the office will fully dissolve away because everyone is sitting somewhere with their laptop and everybody is networked. The fact is, the more options we have to replace

"Soon, the use of paper will be revolutionized by the e-paper. This is paper that can be used as a flexible monitor."

From: Harry Gatterer, Räume der Arbeit. Trendreport zu Büro- und Arbeitswelten, ed. by Bene, Vienna 2009, p. 104

Konferenzprogramm Filo.
Design: EOOS, 2008
Filo conference system.
Design: EOOS, 2008

PARCS. Design:
PearsonLloyd, 2009
PARCS. Design:
PearsonLloyd, 2009

T-Layout
T-Layout

U-Layout
U-Layout

eigentlich hätten, sie zu ersetzen. Das Empfinden, das sich nur dann überträgt, wenn man jemandem gegenüber sitzt, ist wichtig. Und dadurch werden auch die Orte, an denen das möglich ist und die dafür ausgestattet sind, in noch höherem Maß erforderlich sein.

Das lässt an die Rücken-an-Rücken-Situation denken. Da war Bene auch federführend.

MB | Ja, das ist das T-Layout und das U-Layout, das wir im Bürohaus von Laurids Ortner erstmals angewendet haben, das Sitzen Rücken an Rücken. Wir haben es damals vom Fraunhofer Institut in Deutschland testen lassen und dafür ein Siegel bekommen. Wir haben für die beiden Layouts die gleichen Tische verwendet. Sie sind nur einmal so gestanden und einmal so.

Die Kommunikationssituation, der open space, ist das wichtigste Thema.

MB | Ja. Eben diese Mischung aus konzentrierter Arbeit für sich und der offenen, gemeinsamen Arbeit in der Kommunikation. Darum hat der Anteil an Konferenzräumen, an Besprechungsräumen, Besprechungstischen, Stehtischen enorm zugenommen.

face-to-face communication, the more important it actually becomes. The impressions that are transmitted when sitting opposite someone are important. And this means that the places where this is possible, and which have been set up for it, will be highly valuable.

That reminds me of the back-to-back positioning for which Bene was also responsible.

MB | Yes, you mean the T- and the U-Layouts that we used for the first time in Laurids Ortner's office building, the back-to-back seating. We had it tested back then by the Fraunhofer Institute in Germany were issued a test seal for quality. We used the same tables for both layouts. They were just placed once this way and once that way.

The communication situation, the open space is the most important issue.

MB | Yes. The mixture of concentrated working on your own, and open, collaborative working with communication. This is why the proportion of conference rooms, meeting rooms, conference tables, and standing tables has soared so high.

Fraunhofer Studie **Die 1991 von Bene beauftragte Studie am Karlsruher Fraunhofer-Institut für System- und Innovationsforschung ISI befasste sich mit der sozialpsychologischen Dimension von Büroräumen. Ausgehend von den Prämissen, dass Großraumbüros keine günstige Lösung darstellen und Einzelbüros nicht allen Mitarbeitern zur Verfügung gestellt werden können, wurden 2-Personen-Büros im speziellen untersucht: die Sitzposition »vis-à-vis« (T-Layout) und »Rücken an Rücken« (U-Layout). Das U-Layout wurde vor allem beim Wert Konzentration besser beurteilt.**

Fraunhofer Study **A study Bene commissioned in 1991 to the Fraunhofer Institute for Systems and Innovation Research ISI concerns itself with the social and psychological aspects of office areas. Based on the premise that open-plan offices are not an ideal solution, but that it is not possible to provide all employees with private offices, a close look at two-person offices was taken. Of the sitting positions "vis-à-vis" (T-layout) and "back-to-back" (U-layout), the U-layout received a better evaluation, particularly in terms of concentration levels.**

Layout **Die Positionierung der Möbelelemente in einem Layout bezieht sich auf den Arbeitsplatz von Einzelpersonen bis hin zur ganzen Abteilung. Das Arrangement der Einzelmöbel orientiert sich an den Bedürfnissen der Mitarbeiterinnen und Mitarbeiter und optimiert die innerbetrieblichen organisatorischen Abläufe.**

Layout **The positioning of furniture items in a layout ranges from individual work stations to entire departments. The arrangement of the pieces is based upon the needs of employees, optimizing internal organizational processes.**

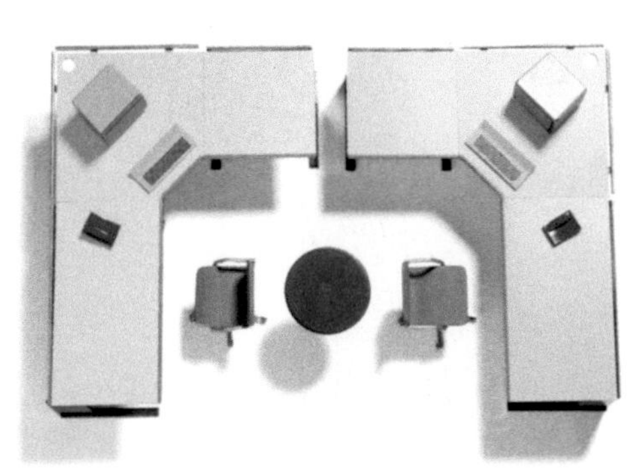

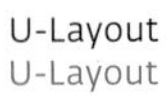

U-Layout
U-Layout

LO | Dem ganzen Gebiet des informellen Austausches ist in den vergangenen Jahren eine sehr große Bedeutung zugekommen. Früher wurde die Arbeit immer auseinander dividiert. Hier arbeitest du, hier wird besprochen und dazwischen geht irgendjemand zum Kaffeeautomaten. Dieser Weg kann aber der elementarste sein für eine Firma. Das ist erst nach und nach erkannt worden. Und jetzt gibt es dafür auch Möbel.
MB | Das war vor etwa 20 Jahren eine meiner Visionen, einen Ort zu haben, dem wir den Namen Coffice gegeben haben, Café und Office. Jeder Mitarbeiter kann dort hingehen, wann immer er will. Am Anfang war diese Freiheit schwer verständlich zu machen, und es hat auch viel Aufregung gegeben. Laurids hat das erste Coffice bei uns hier im Erdgeschoß geplant. Die Leute gehen hin, trinken Kaffee oder Fruchtsaft, setzen sich zusammen und tratschen. 90 Prozent aller Gespräche gehen ohnehin um irgendein Firmenthema. Und unsere Mitarbeiter sitzen auf Augenhöhe mit Kunden und mit Lieferanten in einem Raum des Coffice. Das ist eine Erfolgsgeschichte geworden. In jedem Schauraum gibt es das und hier in den Büros sehen Sie überall, dass die Leute zusammensitzen und nicht an den Arbeitsplatz gezwungen sind. Auch wenn sie miteinander reden, arbeiten sie.

LO | The entire topic of informal exchange has gained a lot of meaning in the last few years. Work used to be always divided apart. This is where you work, this is where you hold discussions, and in between somebody goes to the coffee machines. However, this path can be the most elementary one for a company. This was recognized only gradually. And now, there is also furniture for it.
MB | That was one of my visions about 20 years ago, to create a place we named the "Coffice," a café and office combined where employees can go whenever they want to. In the beginning, it was difficult to make this freedom understood, and it caused a great deal of discussion. Laurids planned the first Coffice here in our headquarters, on the ground floor. People go there, drink coffee or fruit juice, sit together and gossip. 90 percent of all conversations are about company affairs anyway. And our staff sit at eye level with the customers and the suppliers in the shared area of the Coffice. It has become a great success story. There is one in every showroom and here in our offices you can see people sitting together – not tied to their workplace. Even when they are talking to each other, they are still working.

Werbesujet »Die Besprechung war ebenso kurz wie ergiebig.«
Advertisement "The meeting was as short as it was productive."

Managementprogramm AL_Group. Design: Kai Stania, 2002
AL_Group Management Programme. Design: Kai Stania, 2002

Die Gleichwertigkeit von Produkt und Konzept ist ein ganz wichtiger Punkt. Die Planung muss dem Produkt vorausgehen.

MB | Das Layout und die Planung ist in unserer Qualität, wie wir sie den Kunden anbieten, eine Dienstleistung auf sehr hohem Niveau. Der große, professionelle Kunde weiß meist sehr gut, was er will. Der normale Kunde hat weniger Vorstellung, was er will und was er braucht. Dann machen wir ihm einen Planungsvorschlag, und wenn er das sieht, weiß er erst, was er nicht will. Dieses erste Layout hat den Charakter von Meinungsbildung und erst im Gespräch mit dem Kunden entsteht das wirkliche Layout, in das hinein wir natürlich schon Tausende Stunden an Konzeptarbeit entwickelt haben. Wir machen ja als Gruppe mehr als 75 Prozent unseres Umsatzes außerhalb von Österreich. Wir müssen in Düsseldorf oder in London oder in Dubai gegen die großen Hersteller dieser Welt gewinnen. Da sind die Layouts und die Flächenwirtschaftlichkeit natürlich ganz wichtige Aspekte. Das Layout ist so wichtig wie das Produkt selbst.

The equality of products and concepts is a very important point. Planning must precede the product.

MB | Layout and planning, in the quality that we offer it, is a very high-level service. A large, professional customer usually knows quite well what they want. The normal customer has less of an idea about what they want or need. We make those clients a design proposal and when they see it, they usually only know what they don't want. This preliminary layout is intended to help formulate an opinion, and only through the discussions with the customer will the actual layout emerge, into the research and development of which we have already invested thousands of hours of work, of course. As a group, more than 75 percent of our sales are made outside of Austria. We have to prevail over the major manufacturers of the world, in Düsseldorf or London or Dubai. Layout and economies of space are, of course, very important aspects. The layout is just as important as the product itself.

Geschäftsstelle Zürich. Architektur: Laurids Ortner, 1990
Zurich branch. Architecture: Laurids Ortner, 1990

Sie müssen dafür hochqualifizierte Verkäufer haben.

MB | Wir haben nicht nur hochqualifizierte Verkäufer, sondern wir geben ihnen auch sehr qualifizierte Verfahrensweisen an die Hand. Der Verkäufer ist gut trainiert. Die Talente sind natürlich unterschiedlich, aber sie haben von uns fertige Konzepte, die sie dann dem Kunden vermitteln können. Da sind wiederum Schauräume sehr wichtig. Der Kunde kommt hin, und wenn er etwas sieht, entwickelt er erst eine Meinung.
LO | Auch die Produkte sind sehr wichtig. In den 80er Jahren war Bene konzeptuell allen weit voraus. Die ganz großen Möbelhersteller der Welt sind uns in ihren Konzepten nachgehinkt, waren uns aber in ihrer Produktpalette weit voraus. Mittlerweile hat sich das völlig geändert. Die Qualität der Produkte, die Bene macht, haben jetzt das Niveau erreicht, das die Konzepte schon vor 20 Jahren hatten.
MB | Wir sind vor 30 Jahren zum ersten Mal in die USA gefahren. Laurids und ich haben dort immer diskutiert, warum wir nicht so erfolgreich sind wie die großen Amerikaner, obwohl wir

You must have highly qualified salespeople.

MB | We not only have highly qualified salespeople, we also put high-quality, best-practice approaches into their hands. Our salespeople are well-trained. Individual talents vary, of course, but they have a set of finished concepts from us that they can convey to the customers. Again, showrooms are very important. The customer comes by and takes a look, and that's when an opinion starts to develop.
LO | Our products are also very important. In the 1980s, Bene was conceptually far ahead of anybody else. The world's largest furniture makers limped behind us in terms of innovation, but were far more advanced in terms of their product range. This ratio has changed completely since then. The quality of the products that Bene makes has now reached the level of advancement that its concepts were at 20 years ago.
MB | We went to the United States for the first time 30 years ago. While we were there, Laurids and I discussed a lot about why we were not as successful as the big American companies, even

Fest zum 200jährigen Bestehen
Celebration of the 200th anniversary

Festakt **Am 23.6.1990 feiert das Unternehmen sein 200jähriges Bestehen. Eine eigene Festarchitektur wird von Laurids Ortner entwickelt. Unter den Festgästen ist die hohe Politik mit dem Bundeskanzler ebenso vertreten wie Unternehmer, Generaldirektoren, aber auch Wissenschafter, Architekten, Künstler.**

A Celebration **On June 23rd, 1990, the Bene company celebrates its 200th anniversary. Laurids Ortner designs a special commemorative work of architecture. Festivity guests include the Austrian Chancellor, businessmen, directors, scientists, architects, and artists.**

Werbesujet. Wir Russen verwöhnen uns mit Kaviar, Vodka und dem Design von Bene.
Advertisement. We Russians indulge ourselves with caviar, vodka and design by Bene.

erstklassige Arbeit geleistet haben. Die Antwort war einfach: Wir haben keinen großen Heimatmarkt, sondern einen sehr kleinen. Deshalb ist alles eine Frage der Vertriebsstärke. Das war für mich der Antrieb zu sagen, jetzt erobern wir Europa mit eigenen Vertriebsstellen. Wenn ich im Vertrieb diese Stärke nicht habe, können wir in Waidhofen die schönste Fabrik und das schönste Büro haben. Ich gewinne dort, wo ich dem Kunden in die Augen schaue. Wir schauen dem Kunden in die Augen! Das ist unser Motto.

Deshalb sind die Verkäufer wohl auch so wichtig.

MB | Natürlich, wir hatten zum Beispiel in Belgien Glück. Unser Verkäufer dort ist gerade dabei, 500 Togunas einer belgischen Bank anzubieten. Man muss sich vorstellen: 500 Stück von diesen Monstern, die noch dazu nicht billig sind; bei jedem gehen acht Laufmeter Stoff drauf. Den meisten Verkaufserfolg haben die wilden Hunde. Wir sind 1988 nach Moskau gegangen. Da gab es noch die Sowjetunion. Wir haben als U-Boot begonnen, ohne

though we did excellent work. The answer was simple: We didn't have a large domestic market, we had a very small one. Therefore, it all comes down to the question of distribution power. That was the impulse for me to say, "Now it's time to capture Europe with our own distribution outlets." If I don't have distribution strength, we can have the most beautiful factory and the most beautiful office in Waidhofen and it won't make a difference. I win when I can look the customer in the eye. "We look the customer in the eye!" That's our motto.

That's why the salespeople are so important.

MB | Naturally. For example, we were lucky in Belgium. Our salesperson there has just made an offer for 500 Togunas to a Belgian bank. Just imagine, 500 pieces of those monsters, which are not cheap – eight meters of fabric goes onto every one. The most successful sales are made by the wild cards. We went into Moscow in 1988, when it was still the Soviet Union. We started out incognito, without an address, without registration. We solicited

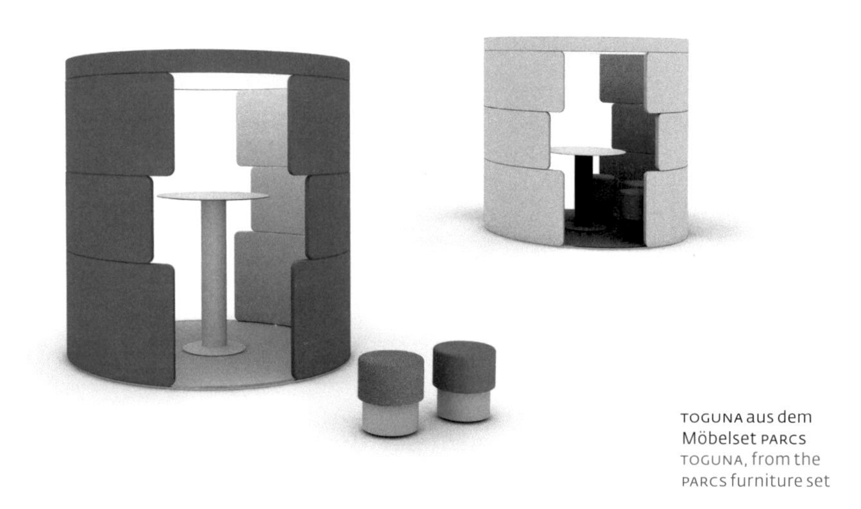

TOGUNA aus dem Möbelset PARCS
TOGUNA, from the PARCS furniture set

Adresse, ohne Anmeldung. Wir haben im Auftrag von Bene Österreich gekeilt. Die hätten uns nie erwischen dürfen. Die Firma haben wir erst 1994 gegründet, als der Kommunismus vorbei war. Für solche Jobs brauchst du eben diese wilden Hunde, die hingehen und sagen, ich tu's.

Diese Leute werden Sie gut zahlen müssen.

MB | Natürlich muss man die Leute gut zahlen. Aber die wahre Leidenschaft kommt aus der Leidenschaft.

Gibt es Unterschiede zwischen weiblicher oder männlicher Büroraumgestaltung?

MB | Da kommt es sehr auf den Typ an. Das kann man nicht verallgemeinern. Ich glaube nicht, dass es signifikante Unterschiede zwischen den Geschlechtern gibt; im Verhalten der Menschen im Büro eigentlich nicht.

LO | Es gibt ja eigentlich auch keine Autos, die speziell nur für Männer oder Frauen konzipiert sind. Oder höchstens ein ganz schmales Segment. Auch bei Bene ist das Thema immer wieder aufgetaucht, mit welchen Accessoires kann man den einen

on behalf of Bene Austria. It would have been awful if they had caught us. We didn't found an actual company until 1994, when communism was over. For this type of job, you need those wild cards, who just get out there and say, "I'll do it."

You're going to have to pay those people well.

MB | Of course, you have to pay people well. But the roots of true passion are in the passion itself.

Are there any differences between female and male office designs?

MB | That depends upon the person. It can't really be generalized. I don't think there are any significant differences between the sexes; in terms of office behavior anyway.

LO | Actually, cars aren't designed specifically for men or women either, or only a very small segment anyway. At Bene, this issue also resurfaces from time to time, which accessories can be used to spruce up this or that workplace. But it always came out the same in the end. Dividing the sexes from one another would probably only start problems.

oder anderen Arbeitsplatz aufputzen. Aber das hat sich immer wieder egalisiert. Es würden die Probleme wahrscheinlich erst anfangen, wenn man die Geschlechter auseinander dividiert.
MB | Ein gutes Beispiel ist die Frage, wer das Coffice bei uns im Erdgeschoß beansprucht. Das ist völlig gleichwertig. Männer tratschen genauso gerne wie Frauen. Das Verhältnis ist 1:1. Es geniert sich keiner, weil er da unten sitzt und Kaffee trinkt, und wenn er das dreimal am Tag macht. Das Wesentliche dabei ist nicht die Geschlechterfrage, sondern dass es keine Hemmschwelle gibt. Das ist ein wichtiger Aspekt in einem Unternehmen, eine gewisse soziale Freiheit.

Und wie schaut es im Aufsichtsrat aus?

MB | Ich bin seit längerer Zeit dabei, eine Aufsichtsrätin zu suchen. Das hat aber jetzt nichts mit der aktuellen Thematisierung seitens der EU und politischer Parteien zu tun. Ich suche wirklich, weil ich glaube, dass wir neben den Profis auf dem Sektor Finanzen und Technologie viel mehr die Sensibilität in der Führung brauchen. Da kann eine Frau speziell im Aufsichtsrat oder eine zweite viel beitragen, weil Männer sich hier zu rational verhalten.

MB | A good example is the question of who uses the Coffice on our ground floor. It is totally balanced. Men gossip just as much as women. The ratio is 1:1. Nobody is embarrassed to sit down there and drink coffee, even if they do it three times a day. The essential aspect is not the gender issue, it is the fact that there is no inhibition threshold. This is an important aspect of a company, a certain amount of social freedom.

And how does it look on the board?

MB | I have been looking for a female board member for a long time. This has nothing to do with the current spotlight on the issue by the EU and political parties. I am looking because I really believe that we need much more sensitivity in leadership in addition to our financial and technological experts. A woman can contribute a lot, especially on the supervisory board, because this is an area where men often behave too rationally.

Frauen in Führungspositionen **EU-weit werden in den Top 50 der börsennotierten Unternehmen elf Prozent der Sitze in den Führungsgremien von Frauen belegt. In Österreich sind es nur neun Prozent, wie eine Untersuchung der Arbeiterkammer Wien von 2011 belegt. Eine aktuelle EU-Studie weist auf, dass eine Gleichstellung von Frauen und Männern am Arbeitsmarkt das Bruttoinlandsprodukt bis zu 45 Prozent anheben könnte.**
Quelle: http://www.frauen.bka.gv.at/site/6867/default.aspx

Women in executive positions **In the top 50 listed companies in the EU, eleven percent of the executive board members are women. In Austria, this number sinks to just nine, according to a Vienna Chamber of Labour study from 2011. A recent EU study has shown that gross domestic product could be increased by up to 45 percent by attaining gender equality in the labor market.**
Source: http://www.frauen.bka.gv.at/site/6867/default.aspx

Fertigung nach Maß **Die Produktion erfolgt prozessoptimiert über datenhinterlegte Module. Die Compact Factory erlaubt es, für den Kunden in Bezug auf Maße, Oberfläche, Farbe ohne Aufpreis maßgeschneidert zu fertigen. Die Just-in-Time-Fertigung wird sowohl für große Projekte wie auch bei Kleinstbestellungen angewandt.**

Made to Order **The production process is optimized using data storage modules. The Compact Factory makes it possible to tailor products for the customers in terms of size, surface, and color at no extra charge. Just-in-time manufacturing is used for both large projects and smaller orders.**

Produziert Bene alle Büromöbel selbst?

MB | Nein. Wir hatten immer einen großen Handelsanteil, auch wenn der jetzt weniger wird. Wir machen Tische und Schränke und Stühle und Wände. Mit den Stühlen haben wir erst vor 15 Jahren begonnen, zum Beispiel mit dem legendären Kizz, von denen wir schon weit an die 250.000 Stück verkauft haben. Heute machen wir auch Drehstühle und Managerstühle und was weiß ich noch alles, weil der Handel Abhängigkeiten und einen Wettbewerb schafft, der ungesund ist. Wenn ich dem Kunden ein gutes, hochwertiges Produkt empfehle, gibt es den kleinen Händler ums Eck, der um einen Euro billiger ist. Also wird auch der Preisdruck immer größer und das Produkt tritt in den Hintergrund; wie immer, wenn es um den Rabatt geht. Was wir aber wollen, sind die Inhalte verkaufen und vermitteln.

Does Bene produce all its office furniture itself?

MB | No. We always had a large trade share, even though it is now diminishing. We make tables and cabinets and chairs and walls, and we produce it all ourselves. We started with the chairs only 15 years ago, for example, with the legendary Kizz, of which we have already sold close to 250,000 pieces. Today, we also make swivel chairs and manager chairs and I don't even know what, because trading creates dependencies and competition, which are unhealthy. When I recommend a good, quality product to the customer, there is always a small dealer around the corner who is cheaper by a Euro. So the price pressure increases and the product recedes into the background, as is always the case when it comes down to the discount. What we want is to sell and convey a concept.

Produktion »Compact Factory« Waidhofen an der Ybbs
"Compact Factory" production in Waidhofen an der Ybbs

Unilever, Wien
Unilever, Vienna

Paul Hastings, Shanghai
Paul Hastings, Shanghai

Wenn nur Sie das Produkt haben, kann es niemand billiger verkaufen.

MB | Wir stellen die Produkte – zum Beispiel Stühle – aber nicht selbst her, wir machen die Designentwicklung, die Produktentwicklung, die technische Entwicklung. Alles machen wir – dann vergeben wir die konkrete Herstellung. Aber das Produkt gehört uns, und es ist am Schluss billiger als jedes Handelsprodukt.

Wie teuer ist Bene eigentlich?

MB | Bei uns kostet ein Schreibtisch bis zum Fabrikstor wahrscheinlich weniger als bei den meisten anderen Herstellern; aufgrund unserer hoch entwickelten Fertigung. Durch unsere Vertriebsform und durch das gute Niveau brauchen wir aber einen entsprechenden Kostendeckungsbeitrag. Aber wenn wir bei einer Ausschreibung antreten, gewinnen wir meistens, etwa bei der Bundesbeschaffungsgesellschaft. Wir haben sechs Jahre hintereinander alle Beamte in Österreich beliefert, zu den günstigsten Preisen, den günstigsten Herstellungskosten.

If you are the only one with the product, than no one can sell it cheaper.

MB | We don't produce the products – such as chairs – ourselves. We make the design development, product development, technical development. We do everything – and then we contract out the actual manufacturing. But the product is ours, and in the end it is cheaper than any commercial product.

Tell me, how expensive is Bene?

MB | One of our desks has probably cost less by the time it gets to the factory door than those of most other manufacturers, because of our very advanced manufacturing processes. Because of our sales and distribution system and our high quality, we need to ensure appropriate cost recoveries. But when we enter a contract bid we usually win, such as for the Federal Procurement Agency. For six consecutive years we have supplied Austrian government employees with the cheapest prices at the lowest manufacturing cost. We are not expensive. By having our own distribution, we can provide different levels, different qualities, a whole variety of

BMW, Leipzig
BMW, Leipzig

Montagu, London
Montagu, London

Cisco Systems, Stuttgart
Cisco Systems, Stuttgart

Deutsche Bahn, Berlin
Deutsche Bahn, Berlin

Wir sind nicht teuer. Wir haben nur durch den eigenen Vertrieb verschiedene Niveaus, verschiedene Qualitäten, die ganze Bandbreite an Möglichkeiten. Das geht vom einfachsten Standardprodukt bis zum hochwertigen Managementprogramm.

Also keine Angst vor Bene?

MB | Nein, überhaupt nicht.

Welche Prestigeobjekte hat Bene ausgestattet?

MB | Zum Beispiel das komplette Landhaus in St. Pölten mit damals 3.300 Arbeitsplätzen. Oder die BMW-Fabrik in Leipzig mit dem Zentralgebäude von Zaha Hadid, wo ein Bürohaus in die Produktionshallen hineingebaut wurde. Und es gibt natürlich Bürohäuser, die ein Norman Foster oder ein Richard Rogers gebaut und wir dann ausgestattet haben.

Natürlich nur nach vorheriger Besichtigung Ihrer Häuser in Wien und Waidhofen.

possibilities. This ranges from the simplest standard products to high-quality management programs.

So, don't be afraid of Bene?

MB | No, not at all.

What prestigious projects has Bene outfitted?

MB | For example, the entire statehouse in St. Pölten with more than 3,300 working areas. Or the BMW factory in Leipzig, with the central building by Zaha Hadid, where an office building was built right into the production warehouses. And of course lots of office buildings, built by Norman Foster or Richard Rogers, which we then furnished.

Of course, only after having seen your branches in Vienna and Waidhofen.

MB | Something like that. And if I'm in Vienna, they always grab me, since I'm the parade horse that is shown to potential customers. I was very persuasive for one large German insurance company, whose board members were here. They were here for one day and then they wanted to visit four other companies in the sector. But

Fossil, Grabenstätt
Fossil, Grabenstätt

Google, London
Google, London

Büro Ministerpräsident Ramadan, Bagdad. Laurids Ortner, 1983
Office of Prime Minister Ramadan, Baghdad. Laurids Ortner, 1983

MB | So ungefähr. Und wenn ich in Wien bin, schnappen sie mich, dann bin ich natürlich immer das Schaukelpferd, das den potenziellen Kunden vorgezeigt wird. Bei einer großen deutschen Versicherung, die mit ihren Vorständen da war, muss ich sehr überzeugend gewesen sein. Die sind einen Tag hier gewesen und wollten dann zu vier weiteren Firmen unserer Branche. Im Flieger zurück haben sie unserem Geschäftsstellenleiter gesagt, dass sie auf die Besichtigung der anderen vier Firmen verzichten. So etwas passiert einmal in 100 Jahren, aber es passiert.

Und das macht Sie wahrscheinlich glücklicher als noch 100 Togunas mehr zu verkaufen?

MB | Ja. Wenn der Kunde überzeugt ist und emotionell entscheidet und sagt: »So will ich auch leben, Sie haben den Auftrag!« Aus früheren Zeiten gibt es ein interessantes Beispiel, eine Planung von Laurids Ortner. Eines von zwölf Büros für den irakischen stellvertretenden Ministerpräsident Ramadan, alles mit beweglichen Möbeln, mit anschließender Wohnung, inklusive

on the plane back, they told our branch managers that they had decided they didn't need to visit the other four companies. Something like this only happens once in a hundred years, but it happens.

And that probably makes you happier than selling another 100 Togunas?

MB | Yes. When the customer is satisfied and makes an emotional decision and says, "This is how I want to live, you have the job!" There is an interesting example from earlier, involving a layout by Laurids Ortner. One of twelve offices for the Iraqi Deputy Prime Minister Ramadan, all with mobile furniture, with an attached apartment including a bathroom. For security reasons, no one knew exactly where it was. This type of luxury and splendor is unimaginable for an educated central European.

Forum Duisburg. Ortner & Ortner, 2008
Forum Duisburg. Ortner & Ortner, 2008

MUMOK Wien. Ortner & Ortner, 2001
MUMOK Wien. Ortner & Ortner, 2001

Badezimmer. Aus Sicherheitsgründen wusste niemand, wo er sich genau aufhält. Den Luxus und diese Pracht kann man sich als gelernter Mitteleuropäer nicht vorstellen.

Herr Ortner, was ist für Sie die schönere Herausforderung? Ein großes Büro einzurichten oder die kleine Hütte des armen Köhler?

LO | Keine Frage, das große Büro. Das ist nicht nur eine Frage der Quantität, sondern man ist einfach am Puls der Zeit und am Puls des Lebens. Die Köhlerhütte mag eine ganz extravagante Geschichte werden, aber sie ist ein Einzelstück. Bei uns geht es um eine ganz große, nicht zuletzt kulturelle Auseinandersetzung. Das stellt nach wie vor immer wieder eine Herausforderung dar. Da geht es um die Möglichkeit der Vervielfältigung, um den Umstand, dass die Produkte und Produktwelten für sehr viele akzeptabel sein müssen. Und in einem vernünftigen Sinn nutzbar. Da kommt etwas zusammen, das zwar selbstverständlich klingt, aber ziemlich schwierig zu erreichen ist.

Mr. Ortner, what is for you the more enjoyable challenge – setting up a large office or the small hut of a poor charburner?

LO | No question, the big office. It's not just a question of quantity, it is about being on the pulse of time and the pulse of life. The charburner's hut might be an extraordinary story, but it is a single piece. For us, it's about a very broad, and also cultural, debate. This remains a challenge till today. It's about reproduction possibilities, about the fact that products and product ranges must be acceptable to a broad public – and usable in a practical sense. Something comes together that sounds obvious, but is quite difficult to achieve.

S.L.U.B. Sächsische Landesbibliothek, Staats- und Universitätsbibliothek Dresden. Ortner & Ortner, 2002
S.L.U.B Saxon Federal Library, State and University Library in Dresden. Ortner & Ortner, 2002

Lesesaal S.L.U.B.
Reading room S.L.U.B.

Neuer Standort Wien: Neutorgasse. Architektur: RATAPLAN, Büro: SOLID architecture & Bene ShowRoom Design, 2010
New Vienna branch: Neutorgasse. Architecture: RATAPLAN, Office: SOLID architecture & Bene ShowRoom Design, 2010

Welche Rolle spielt bei all dem der Geschmack, zum Beispiel bei der Farbwahl?

LO | Die geschmacklichen Komponenten sind natürlich das Pünktchen auf dem i. Damit kann man die Qualität noch einmal anziehen und noch einmal herausarbeiten. Aber wichtig ist, die Basis zu schaffen, die unabhängig davon, ob jemand einen guten oder schlechten Geschmack hat, die Grundqualität liefert, damit nichts schief gehen kann. Es funktioniert, es schaut gut aus, und wenn man es noch ein bisschen anreichert, kann man noch ein Sahnehäubchen draufsetzen. Aber das Ziel ist natürlich, dass die Qualität, die Bene liefert, so gut ist, dass die Frage nach der Farbe gar nicht auftaucht.

Wie kann man sich Ihre Zukunft zu zweit vorstellen. Werden Sie irgendwann einmal gemeinsam auf einem Parkbankerl sitzen?

What role does taste play in all this? For example, in color choice?

LO | Style components, of course, are the icing on the cake. You can draw out certain qualities and elaborate them. But the important thing is to create a basis, one that is independent of someone's good or bad taste, that delivers fundamental quality, ensuring that nothing can go wrong. It works, it looks good, and to sweeten it a bit one can still cap it with some whipped cream. But the goal is, of course, that the quality delivered by Bene is so good that the question of color doesn't even arise.

How could we imagine your future together. Are you going to be sitting together on a park bench some day?

"The boss as a monument, his office the pedestal, is no longer a convincing image."

From: Herbert Lachmayer, Chefetage. Selbstdarstellung als Funktion, ed. by Bene Waidhofen an der Ybbs 1983, p. 22

Vortragsreihe **Gemeinsam mit der Zentralvereinigung der Architekten Österreichs (»Sprechen über Architektur«) bzw. den Architekturhäusern der Bundesländer organisiert, finden seit vielen Jahren regelmäßig Vorträge zur Architektur an den Bene-Standorten statt.**

Lecture Series For many years, regular lectures on architecture have been held at various Bene locations in collaboration with the Austrian Architects' Association ("Talking About Architecture") and the architectural centers of the provinces.

»Der Chef als Monument, dem sein Büro als Sockel dient, überzeugt nicht mehr.« Aus: Herbert Lachmayer, Chefetage. Selbstdarstellung als Funktion, hrsg. von Bene, Waidhofen an der Ybbs 1983, S. 22

MB | Wir sehen uns jetzt nicht mehr so oft, aber über die Jahre ist eine Bindung entstanden. Wenn ich den Laurids nach einem halben Jahr wieder treffe, dann ist es, als wär's gestern gewesen. Das ist eine besondere Beziehung. Ich habe viel gelernt bei ihm, vor allem in künstlerischen Fragen, die Dinge von einer anderen Position zu sehen. Das ist ein wirklicher Lernprozess gewesen, den ich mitgemacht habe, mit allen Kreativen, mit denen ich mich umgeben und mit denen ich gearbeitet habe. Mir sind alle diese sensiblen und kreativen Menschen lieber als Technokraten.
LO | Der Manfred übertreibt natürlich maßlos, wenn er das so stilisiert, als wäre ich ein Heilsbringer oder ein Kulturbringer. Ohne die grundsätzliche Qualität, die er immer schon hatte, wäre das alles nie möglich gewesen. Das ist eine Jahrhundertkonstellation. Dass man auf so einer Basis gemeinsam so ein riesiges Unternehmen gestalten kann, das gibt es leider viel zu selten.

MB | We don't see each other as often any more, but over the years a bond has formed. When I meet up with Laurids again after six months, then it's as if it were just yesterday. It is a very special relationship. I have learned a lot from him, above all about artistic matters, about seeing things from a different angle. It's been a real learning process that I've been through with all the creative people around me and with whom I've worked. I prefer all these sensitive and creative people over the technocrats.
LO | Of course, Manfred grossly exaggerates when he puts it that way, as if I were a savior or a cultural envoy. Without the basic character that he has always had, all this would never have been possible. This is a once-in-a-century constellation. It is, unfortunately, far too rare that one can shape such a huge company together on such a good basis.

AL_Group am Filmset von James Bond 007
AL_Group on a James Bond 007 film set

Filmset **Für die Dreharbeiten zum James Bond Film *Ein Quantum Trost* (2008) stattet Bene die Kulisse zum Büro des britischen Geheimdienstes MI 6 aus.**

Film set The film set of the British Secret Service MI 6 office for the James Bond film *Quantum of Solace* (2008) is equipped by Bene.

»Es entsteht eine große Korrelation zwischen virtuellen Netzwerken und realen Begegnungen von Menschen.«

Aus: Harry Gatterer, Räume der Arbeit. Trendreport zu Büro- und Arbeitswelten, hrsg. von Bene, Wien 2009, S. 77

Und dass sich beide Herren selten in den Vordergrund gedrängt haben.

MB | Wir sind beide so. Ich habe mich immer in den Dienst der Firma gestellt. Mich sieht man nur auf der Bühne oder im Scheinwerferlicht, wenn es der Firma nützt.

Wie schaut die Zukunft der Firma aus. Werden Sie als Aufsichtsratspräsident allfällige Expansionspläne unterstützen?

MB | Es gibt diese Expansionspläne zwangsläufig, obwohl wir natürlich unter dem wirtschaftlichen Einbruch der vergangenen zwei Jahre schwer gelitten haben. Aber nicht nur wir, die ganze Branche weltweit. Wir haben ein Drittel Umsatz verloren, und Ziel ist es, nicht nur den alten Umsatz wieder zu erreichen, sondern auch weiter zu wachsen. Wir wollen in unserer Branche zu den großen Unternehmen in Europa und darüber hinaus gehören. Derzeit sind wir in Europa die Nummer fünf. Das ist trotz des Einbruchs, den alle hatten, eine gute Position. Wir beschäftigen uns jetzt mit Asien, mit Australien, mit allen möglichen Märkten.

And that both men have seldom pushed themselves into the spotlight.

MB | We are both like that. I have always been at the service of the company. You only see me on stage or in the spotlight if it is for the good of the company.

What does the future of the company look like? Will you support expansion plans as the President of the Board?

MB | These expansion plans are inevitable, although we have, of course, suffered severely from the economic slump of the past two years. But not just us, the entire industry worldwide. We lost a third of our revenue, and our goal is not only to reach the old sales level again, but also to grow. We want our business to be amongst the big corporations in Europe and beyond. We are currently number five in Europe. This is a good position, despite the slump that everybody had. We are now dealing with Asia, Australia – all possible markets.

When the economy is booming again, then a lot will be recouped in your branch?

MB | For sure. Our business only fell off six months or a year into the crisis – and we also came out later, just this year. When

Siemens City, Wien
Siemens City, Vienna

“The result is a large correlation between online networks and real interactions among people.” From: Harry Gatterer, Räume der Arbeit. Trendreport zu Büro- und Arbeitswelten, ed. by Bene, Vienna 2009, p. 77

Wenn die Wirtschaft wieder boomt, dann wird in Ihrer Branche vieles wieder gut gemacht werden?

MB | Sicher. Nur sind wir alle ein halbes Jahr oder ein Jahr später in die Krise hinein gefahren und kommen auch dieses Jahr später wieder heraus. Wenn wieder investiert wird, dann zuerst in Maschinen, in Vorrichtungen, in die IT, in Menschen, in Schulungen, in Produktentwicklungen. Erst dann kommt die Einrichtung. Obwohl ich sagen muss, die meisten großen Firmen betreiben heute das Thema Büro nicht nur unter dem Stichwort Arbeitswelt, sondern als soziale Welt auf einem hervorragenden Niveau. Das wird immer wichtiger.

Gibt es noch andere äußere Kriterien, die das Geschäft bestimmen?

MB | Glückliche Entscheidungen helfen sicher. Und ein langer Atem. Nicht nur auf das nächste Quartal achten, sondern immer die Nachhaltigkeit aller Maßnahmen sehen!

reinvestment begins, then it will be first in machinery, then in facilities, then in the IT, then in people, then in training, and then in product development. And then comes furnishings. Although, I must say that most large companies today operate their offices at an excellent level and not just under the heading of a work sphere, but also as a social sphere. This is increasingly important.

Are there any other external criteria that determine your business?

MB | Good decisions are always a help. And staying power. Not just paying attention to the next quarter, but always considering the sustainability of every measure!

I would like to get back to the park bench. How do you really see yourself in 20 years?

MB | Me personally? I'll probably be dead in ten years.

Kommunikation rückt in den Mittelpunkt: Portfolio PARCS
Communication becomes the focus: PARCS Portfolio

Ich möchte noch einmal auf die Parkbank zurückkehren. Wie sehen Sie sich wirklich in 20 Jahren?

MB | Mich persönlich? Dann bin ich wahrscheinlich schon zehn Jahre tot.

Ernsthaft: Was werden Sie da machen. Können Sie sich vorstellen, in den Ruhestand zu gehen?

MB | Nein, ich bin gesund, mir geht es gut und ich fühle mich wohl in meinem Leben. Man muss nur eines wissen und dafür habe ich mich entschieden, als ich 20 war: Aus der Führung eines Unternehmens muss man mit 65 Jahren draußen sein. Es gibt genug Leute, die glauben, sie könnten mit 75 einem 30jährigen das Leben erklären. Das können sie aber nicht. Auch ich lebe schon in einer anderen Welt, bei all meinem Idealismus und meiner Begeisterungsfähigkeit. Die Kreativität bleibt erhalten, deshalb ist ein Architekt mit 70 vielleicht besser, als er es mit 35 je sein konnte. Für die operative Führung gilt das nicht.

Seriously, what will you be doing. Can you imagine retiring?

MB | No, I'm healthy, I'm doing well and I feel comfortable with my life. There is only one thing to know and I that's what I decided when I was twenty: you have to stop running a business when you are 65. There are enough people out there who think they can explain life to a 30-year-old when they are 75. They can't. I have also been living in another world, despite all my idealism and enthusiasm. Creativity is preserved, meaning that an architect might be better at 70 than he ever was at 35. The same is not true for management.

But Manfred Bene being on the supervisory board is important for the security of the company.

LO | Absolutely, and that will hopefully not change. It's true that someone else has to pull the hay wagon. But there's still Manfred sitting up there on top. Without him, this whole thing would be inconceivable. And it would be absurd to give that up from one day to the next to go sit in the sun.

Aber dass Manfred Bene im Aufsichtsrat sitzt, ist wichtig für die Sicherheit des Unternehmens.

LO | Absolut, und das wird sich auch hoffentlich nicht ändern. Es stimmt natürlich, dass jemand anderer den Heuwagen ziehen muss. Aber dann sitzt der Manfred halt oben drauf. Ohne ihn ist doch diese ganze Sache nicht denkbar. Und es wäre auch absurd, das von einem auf den anderen Tag aufzugeben und nur mehr in der Sonne zu sitzen.

Und sind Sie als Kreativer tatsächlich besser als früher, wie Manfred Bene meint?

LO | Ich glaube wesentlich. Das Leben fängt erst an. Es gibt auch überhaupt nichts, worauf man zurückschauen muss, sondern es gibt eine einzige Richtung, und die ist nach vorne. Und das mit Konsequenz. Ich habe gewisse Erfahrungen, gewisse Möglichkeiten. Es fällt mir wesentlich leichter als früher, schwer zu erklärende Dinge jemandem nahe zu bringen.

Sie denken beide nicht an den Ruhestand?

MB | Nein, natürlich nicht. Mich interessiert nur das, was morgen passiert und übermorgen und nächste Woche und nächstes Jahr. Nur das sind die wesentlichen Dinge für mich. Die Vergangenheit abzulutschen, ist nicht meine Sehnsucht. Auf dem Erfolg der Vergangenheit sich auszuruhen, das hat mich nie interessiert. Mir geht eigentlich alles zu wenig intensiv, zu wenig schnell, ich bin ungeduldig, ich möchte alles sofort. **Alles, was ich will, ist alles.**

And is your creativity actually better than before, as Manfred Bene thinks?

LO | Very much so, I think. Life is just beginning. There is also nothing at all to look back upon, there is only one direction, and that is forward. Always. I now have certain experiences, certain possibilities. It is much easier than it used to be to explain difficult things to someone.

Neither of you are thinking about retirement?

MB | No, of course not. I only care about what happens tomorrow and the day after tomorrow and next week and next year. Those are the only important things for me. I don't want to suck on the past. Resting on the successes of the past has never interested me. Actually, nothing is intense enough for me, or fast enough. I'm impatient, I want everything immediately**. I want it all.**

Theresia Hauenfels

Sprechen Sie mit uns
Let's Talk!

Ende der 1970er Jahre tauscht Madame Pujol kurzfristig ihr beschauliches Dasein im goldenen Käfig gegen den Chefsessel im Familienunternehmen ein und bringt eine Regenschirmfabrik in Schwung. Während ihr Mann sich von einem Herzanfall erholt, beendet sie den Streik der Arbeiter, übergibt den erwachsenen Kindern wichtige Funktionen im Betrieb und steigert die Umsätze. François Ozon lässt in seiner Komödie »Das Schmuckstück« aus dem Jahr 2010 die Geschlechter im Büroalltag gegeneinander antreten. Die Sekretärin als Geliebte des Chefs ist nur eines von vielen Klischees, die der französische Regisseur aufs Korn nimmt.

1974. Auf einem Werbesujet des österreichischen Büromöbelherstellers begrabscht ein schnauzbärtiger Chef seine junge, attraktive Sekretärin. Die übertrieben dargestellte Szene wird aus dem Off kommentiert: »Es war von jeher unser Anliegen, mit unseren Büromöbeln dazu beizutragen, daß ›Arbeit Freude macht‹«.

Beschäftigt man sich auf Ebene der Angewandten Linguistik mit Werbe-Textsorten, eröffnet sich einem das breite Feld semiotischer Strategien. Kulturgeschichtlich betrachtet, fließt sowohl der Zeitgeist mit ein – ein gutes Beispiel ist der Aschenbecher am Bürotisch, der lange ein klassisches Inventar darstellt und irgendwann für immer von den Fotos verschwindet – ebenso aber der Moment der Provokation, denn gerade der Überraschungseffekt ist es, der die Werbung effektiv macht. So erfahren wir auch im Rückblick, womit man den Nerv der Gesellschaft zu treffen gedachte. Im Fall der Firma Bene, deren authentischer Markenname schon semantisch Qualität suggeriert, lässt sich kontinuierlich über die Jahrzehnte ein deutlich artikulierter Wille zu innovativen Kommunikationsformen beobachten. Auffälligstes sprachliches Merkmal ist die Integration des Namen »Bene« in Begrifflichkeiten, mit denen die Werber operieren. Ob es nun der Chef ist, der sich endlich »benefiziert« hat (ein Amalgam, das an »bonifizieren« denken lässt) – was ihm in der Kampagne die Liebe seiner Sekretärin einbringt und der Firma Bene realiter darob empörte Briefe vom Kardinal – oder die Broschüre »Benefit«, die zu Ausgleichsport animiert: Über allem schwebt das Motto »Va bene!« Geschickt verstehen die Marketingexperten, das Interesse des Senders zum Wohl des Empfängers umzudeuten. Norbert Bolz argumentiert im Zusammenhang mit der positiven Aufladung einer Marke mit der Generierung neuer Glaubensfragen: »Die Welt des Marketing und der Werbung ist also nicht die Welt der Zwecke, Bedürfnisse und Rechnungen, sondern die Welt der Magie, des Totemismus und Fetischismus. Die Marke ist ein Totem-Emblem.«[1]

Mit einer neueren Serie von Inseraten, die berühmte Kunden des Büromöbelherstellers als Testimonials präsentiert, heißt es: »Porsche/Polo Ralph Lauren/Generali etc. works bene«. Reduziert auf ein wieder erkennbares Icon als key-visual, zeigt sich, dass

[1] Norbert Bolz, Cargo-Kult und Werbe-Opfer. Was Religion, Gesellschaft und Konsum zusammenhält, in: Sigrid Randa-Campani (Hrsg.), Wunderbare WerbeWelten. Macher, Marken, Mythen, Ausstellungskatalog, eine Publikation der Museumsstiftung Post und Telekommunikation, Ed. Braus, Heidelberg 2001, S. 186
Norbert Bolz, Cargo-Kult und Werbe-Opfer. Was Religion, Gesellschaft und Konsum zusammenhält, in: Sigrid Randa-Campani (ed.), WunderbareWerbeWelten. Macher, Marken, Mythen, exhibition catalog, pub. by the Museumsstiftung Post und Telekommunikation, ed. Braus, Heidelberg 2001, p. 186

Madame Pujol trades in her tranquil life in a golden cage for a seat in the boss' chair of the family business and promptly puts an umbrella factory back on track. While her husband recovers from a heart attack, she ends a worker's strike, gives the adult children important positions in the operation and increases sales. In his 2010 comedy Potiche, set in the late 1970s, François Ozon lets the genders clash together in the daily office routine. The secretary as the boss' lover is just one of many stereotypes the French director targets for hilarity.

In a 1974 advertisement for the Austrian office furniture manufacturer, a mustached boss is shown groping his attractive young secretary. The exaggerated scene is commented from the off, "It has always been important to us that our office furniture contributes to the 'pleasure of working'."

If one takes a closer look at this ad copy from the point of view of applied linguistics, a broad field of semiotic strategies opens up. In terms of cultural history, two specific aspects have left a clear mark. Firstly, the Zeitgeist, a good example of which is the ashtray on the desk, long a classic piece of inventory that, at some point, disappears from ad photos for good. The other aspect is the moment of open provocation, an element of surprise that makes the advertisement more effective. In retrospect, it is clearly apparent that the ad was intended to strike a nerve of society. In the case of the Bene company, whose authentic brand name alone already suggests semantic quality, a clearly articulated openness for innovative forms of communication in advertising can be observed continuously throughout the decades. The most striking linguistic feature is the integration of the name "Bene" into a multiplicity of advertisement slogans. There's the boss, for example, who finally gets his "bene-fits" (an advertisement campaign in which the boss is rewarded with the love of his secretary and that actually garnered the company several indignant letters from the Cardinal!) The "bene-fit" brochure encourages sports and athletic activities with the motto "Va bene!" scattered across its pages. The marketing experts cleverly understand how to reinterpret the interest of the transmitter as the advantage of the recipient. Speaking on the issue of positively charging brands, Norbert Bolz argues that it is actually nothing other than the initiation of new questions of faith. "The marketing and advertising world is not a world of function, needs and calculation, it is a world of magic, totemism, and fetishism. The brand is the totem emblem."[1]

hinter dem Erfolg der Büroeinrichter steht. Die Argumentation wird augenscheinlich. Wer an der glücklichen Arbeitswelt partizipieren will, passt sein Konsumverhalten an. In seinen Vorlesungen zur Kommunikologie spricht Vilém Flusser von den Imperativen als Verhaltensmodellen.[2] Das Vorbild prägt. So arbeitet auch die aktuelle Werbelinie der Firma in Fachzeitschriften ebenfalls mit der visualisierten Inkorporierung des Bene-Sortiments: Renommierte Architekten und Designer sind als Schattenrisse dargestellt. Innerhalb ihrer Konturen erhält man Einblicke in ein von ihnen gestaltetes Büroszenario.

Im Gegensatz zu diesen global wirksamen Strategien, die nötig wurden, um der wirtschaftlichen Expansion auf internationaler Ebene Rechnung zu tragen, stehen die »regionalen« Kampagnen, die ganz bewusst die Verhältnisse in Österreich aufgreifen. Im Nationalrats-Wahlkampf 1971 wird der SPÖ-Slogan »Lasst Kreisky und sein Team arbeiten« mit einem einfachen Kunstgriff am Schreibtisch der Firma Bene abgehandelt. Ähnlich geht im gleichen Jahr der Waschmaschinenproduzent Eudora vor, der das gegen Kreiskys Herkunft und seine international orientierte Politik gerichtete ÖVP-Plakat für Klaus »Ein echter Österreicher« erweitert: »Jetzt gibt es zweierlei waschechte Österreicher«. Bis heute zeichnet die Bene-Kampagnen aus, dass sie nahe an tagesaktuellen Geschehen sind: ob die Österreicher vor Einführung des Euros ihren letzten Schilling in eine neue Büroeinrichtung investieren mögen oder mit einem Konferenztisch die EU-Erweiterung angesprochen wird. Auf politische Ausgewogenheit wird bei den Wahlallusionen dabei exakt geachtet, letztlich ist aber unter dem Strich, wenn es um die Verteilung der Sitze geht, Bene der lachende Sieger. Selbst unliebsame Maßnahmen werden selbstbewusst umgedeutet: »Die Pensionsreform hat auch etwas Gutes: Man darf 1,5 Jahre länger auf Bene arbeiten.«

Sich so weit hinauszulehnen, bedeutet aber auch, mögliche Konflikte in Kauf zu nehmen. Die Zweideutigkeiten, gepaart mit Humor, setzen einen Mut zur Gratwanderung voraus: auch seitens der Geschäftsführung. Mit dieser Herausforderung spielerisch umzugehen, ist eine Kunst, die sämtliche Agenturen, die für Bene tätig waren bzw. sind, zu beherrschen wissen. Die Abweichung von der Norm impliziert, dass man seinem Gegenüber zutraut, die Botschaften zu dechiffrieren. Othmar Severin formuliert in einem Interview zur Geschichte des Art Directors Club Deutschland leger: »Sind die Texte gut geschrieben, hält man die Verbraucher nicht für blöd.«[3] In den 1980er Jahren begann Bene mit einer Werbeserie, die textlich über den Inhalt hinaus noch einen ästhetischen Aspekt bedienen. In Kalligrammen bildet die Schrift in der Form die Aussage nach. Bestes Beispiel ist dafür der Mann, der sein Herz an sein neues Büro verliert, visualisiert durch rosarot gehaltene

[2] Vgl. Vilém Flusser, Kommunikologie, Schriften 4, hrsg. von Stefan Bollmann und Edith Flusser, Bollmann Verlag, Bensheim-Düsseldorf 1996
Cf. Vilém Flusser, Kommunikologie, Schriften 4, pub. by Stefan Bollmann and Edith Flusser, Bollmann Verlag, Bensheim-Düsseldorf 1996

[3] Othmar Severin, Ein Club wirbt für die Werbung. Ein Gespräch zur Geschichte des Art Directors Club für Deutschland, in: Sigrid Randa-Campani (Hrsg.) 2001, S. 25
Othmar Severin, Ein Club wirbt für die Werbung. Ein Gespräch zur Geschichte des Art Directors Club für Deutschland, in: Sigrid Randa-Campani (ed.) 2001, p. 25

In a more recent series of advertisements, the office furniture manufacturer's more famous clients are presented in testimonial: the slogan states that "Porsche/Polo Ralph Lauren/Generali etc. works bene." The ads are pared down to a single key visual – a recognizable icon showing that the office furnisher stands behind their success. The reasoning is self-evident. If you want to participate in the happy world of work, you must adjust your consumer behavior. In his lectures on the science of communication, Vilém Flusser talks about imperatives as behavioral models and the impact of role models.[2] Thus, the company's current trade magazine advertising campaign also works with the visual embodiment of Bene's product palette. Renowned architects and designers are represented as silhouettes. Within their contours, one can peek into their office scenario designs.

Contrasting with these globally effective strategies, which were necessary to account for business expansion to an international level, are the "regional" campaigns, which intentionally refer to specifically Austrian situations. During the National Council elections in 1971, the Social Democratic Party's slogan "Let Kreisky and his team get to work" is referred to by a simple drawer knob on a Bene desk. In the same year, the washing machine producer Eudora chose a similar vein by expounding on the Austrian People's Party slogan "A true blue Austrian" (directed both against Kreisky's background and his internationally-oriented policies), changing it to read, "Now there are two true blue Austrians."

To this day, Bene's ad campaigns remain highly tied to current events. This connection ranges from asking Austrians if they would like to invest their final Schillings before the arrival of the Euro into new office furniture, to alluding to EU expansion by portraying a conference table. Whenever political allusions are made, the effort is doubled to maintain neutrality. Ultimately, when it comes to the distribution of the votes, the bottom line is that Bene emerges a smiling winner. Even unpopular measures are self-confidently spun to effect: "Pension reforms have a good side too – we get to work on Bene furniture 1.5 years longer."

However, going so far out on a limb also means greater risk. Combining ambiguity with humor requires the courage to toe the line – including that of the management. Playfully pushing this boundary is an art mastered by each and every one of the advertising agencies that worked for Bene. Deviating from the norm implies trusting the reader to be able to decipher the message. In an interview on the history of the Art Directors Club Germany, Othmar Severin casually stated, "A well-written text doesn't think the consumer is stupid."[3]

Typographie. »Auf Zack« wiederum ist der Manager, der seine Macht dem männlichen Gegenüber durch die Körperhaltung demonstriert: »Er versteht Spannung zu nützen. Ein Klima zu schaffen, das Meinung fordert und Ergebnisse bringt.« Die Studie von Verhaltensmustern im Büroalltag lässt Identifikation zu. Die Überhöhung erzeugt dramatische Momente, die mitunter auch ins Absurde abdriften. Maskeraden werden eingesetzt, wodurch der Narration noch mehr Spielraum gegeben wird. Von der Fotografin Elfie Semotan werden die Charaktere selbstbewusst ins Bild gerückt. Manche Geschichten sind wie im Film-Noir inszeniert. Der eine oder andere Manager wirkt wie ein Humphrey-Bogart-Verschnitt. Machtverhältnisse, Geheimnisse, undurchschaubare Manöver stehen auf der einen Seite, die klare Formensprache der Einrichtung auf der anderen Seite. Die »Polaritäten Bild – Text – Produkt«, die Gudrun Held als Spannungstechnik in aktueller Printwerbung herausarbeitet, kommt durch variable Methoden zum Tragen, direkt und indirekt.[4] Eine der vorliegenden Anzeigen wirkt wie von Fellini inspiriert: Eine streng frisierte, stark geschminkte junge Frau sitzt vor dem Bildschirm. Hinter ihr ein Ahnenbild einer ebenso attraktiven Dame, die in Richtung einer antiken, eingepackten Frauenstatuette blickt. »Wenn jemand Bescheid wußte über das Unternehmen, war sie es. [...] Sie saß im Zentrum der Drehscheibe. Sie repräsentierte das Unternehmen.« Der einzige Mann im Bild trägt eine Chauffeurkappe und Latzhose. Dass an der Spitze des Unternehmens Cineasten zu finden sind, wird nicht nur hier sichtbar, sondern auch an der Herausgabe der Broschüre »Büro im Film« in den 1980er Jahren, an der Architekt Laurids Ortner und Dietmar Steiner maßgeblich beteiligt waren.

So mag es nicht verwundern, dass Anita Ekberg in einer Aussendung der Firma auftaucht, vertreten mit einem Filmstill aus Fellinis »La dolce vita«. Die Botschaft von Bene an die Kunden: Gönne Dir etwas Schönes! In der Argumentation verweist die Firma darauf, dass die Gerade zwar die kürzeste, die Kurve aber die schönste Verbindung zwischen zwei Punkten darstellt. Mit diesem Plakat befinden wir uns bereits in einem elementaren Baustein der ausgeprägten Kommunikationskultur des Waidhofner Unternehmens: der alljährlichen Neujahrspost. Im Gespräch mit Meinrad Fixl definiert der langjährige Marketing-Beauftragte von Manfred Bene die Funktion der Karte: Man möchte den Kunden einen positiven Ausblick ins neue Jahr übermitteln. Eine

[4] Vgl. Gudrun Held, Formen intersemiotischer Spannungen in aktueller Printwerbung, in: Eva Martha Eckkrammer/Gudrun Held, Textsemiotik. Studien zu multimodalen Texten, Peter Lang, Frankfurt am Main-Wien 2006, S. 107–128
Cf. Gudrun Held, "Formen intersemiotischer Spannungen in aktueller Printwerbung," in: Eva Martha Eckkrammer/Gudrun Held, Textsemiotik. Studien zu multimodalen Texten, Peter Lang, Frankfurt am Main-Vienna 2006, pp. 107–128

In the 1980s, Bene started a series of advertisements which textually went beyond just the meaning to serve an aesthetic aspect. In a calligram, the writing shapes the form of the statement. The best example of this is the man who loses his heart to his new office, visualized in pink typography. In turn, the manager demonstrating his power to his male counterpart through posture is "looking sharp." "He knows how to use tension to create a climate that encourages opinions and brings in results." says the ad. Studying behavioral patterns in everyday office life allows us to connect. The exaggeration creates a dramatic moment, sometimes even drifting off into the absurd. Masquerades are used, giving the narrative more leeway. Photographer Elfie Semotan sets the characters self-assuredly into the image. Some of the ad stories are even staged like a film noir. Some of the managers are reminiscent of a Humphrey Bogart blend. Power structures, secrets, mysterious maneuvers stand on one side, the clear lines of the product on the other. The "image – text – product polarities" developed by Gudrun Held as a technique for creating tension in today's print advertising bears fruit in various ways, directly and indirectly.[4] One of the advertisements might have been inspired by Fellini: A strictly coiffed, heavily made-up young woman sits in front of a computer screen. Behind her is a picture of an ancestor, an equally attractive lady looking in the direction of an antique statue of a woman. The text reads, "If anyone knew all about the company, it was she [...] She sat at the hub of the business' inner workings. She represented the company." The only man in the picture is wearing a chauffeur's cap and overalls. The fact that cinephiles can be found at the company's head becomes visible here and also in the publication of the brochure "The Office in Movies" in the 1980s, with which Laurids Ortner and Dietmar Steiner were significantly involved.

So it is not surprising when Anita Ekberg appears in one of the company's press releases, pictured in a still shot from Fellini's La Dolce Vita. The message to Bene customers: Treat yourself to something nice! The company reasons that while a line represents the shortest connection between two points, a curve remains the most beautiful. This poster brings us to an elementary building block of the strong tradition of communication held by the Waidhofner company – the annual New Year mailer. In an interview with Meinrad Fixl, Manfred Bene's long-standing marketing consultant defines the card's purpose: to give customers a positive outlook into the year to come. Although it was decided that writing a Christmas card would be perhaps too intimate, the amicable tone of the New Year's greeting has become indispensable. For example, on a card with the words "Heads up, 1983!" an ostrich in a grain field can be seen. During the 2009 economic

Weihnachtskarte zu schreiben, wurde als zu familiär eingestuft, dennoch ist beim Silvestergruß der amikale Ton nicht wegzudenken. So heißt es etwa »Kopf hoch, 1983«. Zu sehen ist ein Vogel Strauß in einem Getreidefeld. Dass mit der Wirtschaftskrise 2009 der Slogan wieder eingeführt wird, diesmal mit einem Schneemann, der seinen Kopf wie zum Gruß in die Höhe hält, ist ebenso Bestandteil des Ideen-Kontinuums wie das Wiederauftauchen des Laufvogels, dem nachgesagt wird, den Kopf gerne in den Sand zu stecken. 2011 überrascht er durch sein Wiederauftauchen mit dem Wunsch »Beste Aussichten«! Die Welt der Arbeit wird nur peripher angesprochen, etwa 2006 mit dem Bild eines wuselnden Bienenstocks und dem Satz »In jedem steckt ein Superheld«. Viel wichtiger als die Platzierung von Produkten ist die Vermittlung eines positiven Lebensgefühls und die Botschaft, dass man sich bei Bene Gedanken über sein Gegenüber macht.

In die gleiche Kerbe schlägt auch der Fernsehspot aus dem Jahr 1989, der in einer metaphorischen Umkehr den aufrechten Gang bei der Menschwerdung vorführt und zugleich für seine Zwecke umdeutet: »Der Mensch hat Millionen Jahre gebraucht, um aufrecht gehen zu können. Mit schlechten Büromöbeln verlernt er es in nur 5 Jahren. Der Mensch braucht: Bene Büromöbel«. Ergonomie respektive Gesundheit und Büromöbel werden untrennbar miteinander verschmolzen, sich mit Waidhofner Produkten einzurichten als präventive Maßnahme für die Gemeinschaft positioniert. Die Qualität bezieht sich somit nicht nur auf das Hier und Jetzt, sondern wirkt nachhaltig, indem u. a. weniger Geld für Rehabilitation nach berufsbedingten Abnützungserscheinungen ausgegeben werden muss. Die bewusste Entscheidung für einen TV-Spot als Wechsel zu einem branchenunüblichen Medium hat, wie Agenturchef Peter Czerny erzählt, das Unternehmen stark ins Gespräch gebracht. Dass auch ein Fotograf wie Helmut Newton schon Bilder für Bene geliefert hat, trägt selbstredend zum Kultstatus der Werbelinie bei.

Mit Thomas Bene, der im Vorstand des Unternehmens für die Bereiche Marketing und Portfolio zuständig ist, hat sich ein Generationswechsel vollzogen: der gesamtheitliche Lösungsansatz wird dennoch kontinuierlich propagiert. Immer aber allgegenwärtig ist das Logo, das in seiner Segmentierung an abstrahierte Schreibtischfelder erinnert.

crisis, the slogan was readopted, this time with a snowman, its head raised in greeting. This is just as part of the continuum of ideas as the reoccurring running bird, said to enjoy sticking his head in the sand. In 2011, he reappeared to surprise us with his wishes for a "good perspective!" The work world is only mentioned on the sidelines, as in 2006 with the image of a teeming beehive and the words "Every one of them is a superhero." More important than any product placement is the conveyance of a positive outlook on life and the feeling that Bene takes the people in and around the company into consideration.

A 1989 television spot going along the same lines metaphorically reverses the evolution of mankind, reinterpreting it with the commentary, "It took humans millions of years to learn to walk upright. Bad office furniture can turn that around in just five years. People need Bene Office Furniture." Ergonomics, health, and office furniture are thus inextricably merged. Outfitting oneself with quality Bene products is positioned as a preventative measure for the common good. The quality is therefore not merely for the here and now, it also has lasting effects, including saving money for rehabilitation from work-related physical attrition. Ad agency director Peter Czerny recounts that the company's conscious choice to produce a TV commercial, a medium not customary for their branch of industry at the time, brought the company's name into everybody's mouth. The fact that a photographer like Helmut Newton had also made photos for Bene of course also boosted the cult status of their advertising campaigns.

With Thomas Bene, responsible for marketing and portfolio on the board of directors, the generational change has been brought to a conclusion. The holistic approach of the business remains constant and the logo omnipresent, its segmentation abstractly reminiscent of writing desks.

Lilli Hollein

Eine gewachsene Verbindung
A Grown Alliance

Bene und die harmonische Dreiecksbeziehung des Unternehmens mit Design, Produkt und Raum

Einer der größten Designer unserer Zeit, Ettore Sottsass, wird auch von jungen Designergenerationen für einen bahnbrechenden Entwurf aus den Jahren seiner Karriere als Industrie-Designer geehrt. Die Valentine, eine ebenso exquisit wie explizit rote Schreibmaschine, setzte im Jahr 1968 ein blühendes Zeichen in der Gestaltungswüste Büro.

Heute braucht es viel mehr, um mit Design im Bereich der Arbeitswelt Aufsehen zu erregen. Wie die Disziplin Design an sich, verlangt die Auseinandersetzung mit dem Aufgabenfeld, dem sich das Unternehmen Bene stellt, deutlich weitergehende Überlegungen als nur gestalterische. Es geht um Analysen, Zukunftsprognosen und in Folge Lösungen, die ein ganzes Environment und die Bedürfnisse der sich darin bewegenden Menschen abdecken.

Manfred Bene hat mit seiner Affinität zu Architektur, Kunst und Design, mit Geschäftssinn und unternehmerischem Selbstbewusstsein Ende der 1970er Jahre eine beachtliche Entscheidung getroffen, als er – heute würde man das als »Design Thinking«[1] beschreiben – den Architekten Laurids Ortner holte, um für das Unternehmen nicht nur zu entwerfen, sondern auch die Unternehmensstrategie mitzuprägen. Ortner, der mit Haus-Rucker-Co die visionäre Architektur der 1960er und 1970er Jahre maßgeblich mitgestaltet hat, erwies sich hier als ebenso seriöser wie visionärer Denker.

Indem der Unternehmer mit Laurids Ortner gemeinsam begann – weit über den Horizont der meisten Mitbewerber hinaus – über die Entwicklungen im Arbeitsleben und ihre räumliche Entsprechung nachzudenken, legte man den Grundstein für einen Ansatz, der sich in den vergangenen Jahren immer wieder als stabiles Fundament der Bene-Philosophie und Firmenidentität erwiesen hat: Der gestaltete Raum ist das Produkt.

Vor mehr als zwölf Jahren begann ein Artikel im *Wirtschaftsblatt* zur Unternehmerpersönlichkeit Manfred Bene folgerichtig mit den Worten »Mit kompromissloser Design-Orientierung hat Manfred Bene aus dem elterlichen Betrieb ein Milliarden-Unternehmen gezimmert.«[2] Bene hat als Person und als Unternehmen Vorbildwirkung, schon im Vorstand des ÖIF, des (in den 1990er Jahren eingesparten) Österreichischen Instituts für Formgebung war er ein wichtiger Brückenbauer zwischen Wirtschaft und Design.

[1] Design Thinking in der Beschreibung von IDEO: »Design Thinking ist ein auf den Menschen bezogener Zugang zu Innovation, der vom Werkzeugsatz des Designers Rückschlüsse zieht, um die Bedürfnisse von Menschen, sowie technologische Möglichkeiten und die Anforderungen geschäftlichen Erfolges zu integrieren .« – Tim Brown, Präsident und CEO
Design thinking as described by IDEO: "Design thinking is a human-centered approach to innovation that draws from the designer's toolkit to integrate the needs of people, the possibilities of technology, and the requirements for business success." – Tim Brown, president and CEO

[2] Ingrid Puschautz, Büro-Ästhet ohne Grenzen, in: Wirtschaftsblatt 20.11.1999
Ingrid Puschautz, Büro-Ästhet ohne Grenzen, in: Wirtschaftsblatt 20.11.1999

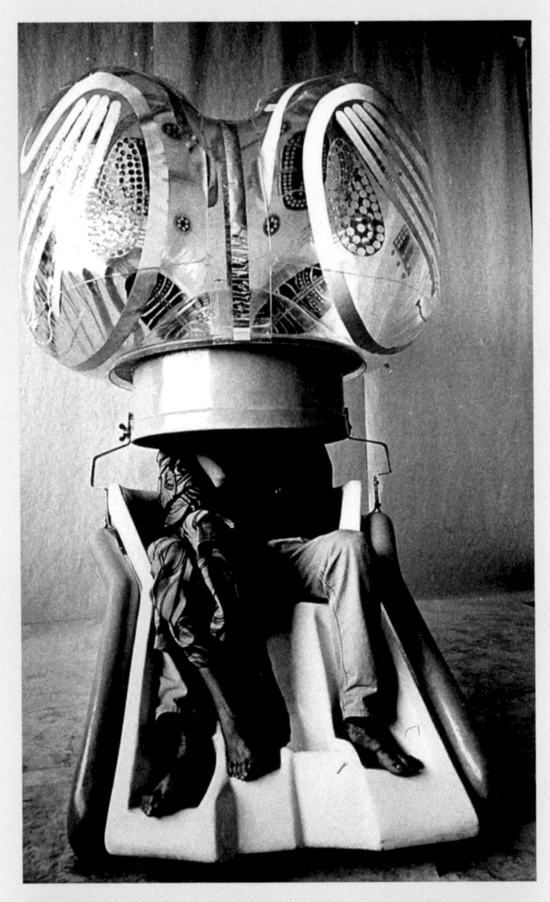

Mind-Expander,
Haus-Rucker-Co,
1967
Mind Expander,
Haus-Rucker-Co,
1967

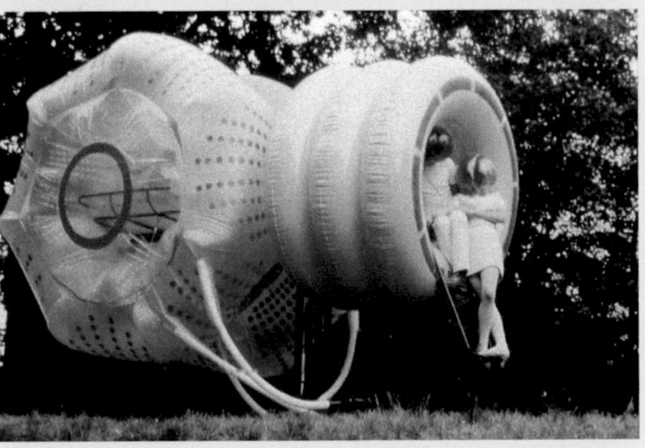

Gelbes Herz,
Haus-Rucker-Co,
1968
Yellow Heart,
Haus-Rucker-Co,
1968

Bene and the harmonic, three-way interaction of the company with design, product, and space

One of the greatest designers of our time, Ettore Sottsass, continues to be honored by young generations for his ground-breaking designs during his years as an industrial designer. The Valentine, an equally exquisite and explicit red typewriter, set a flourishing signal into the drab desert landscape of office design in 1968.

Today, attracting attention within the business realm through office design takes much more effort. As with the discipline of design in general, the sphere of activity the Bene company engages in demands levels of thought and consideration that go far beyond simple creativity. It is also about analysis, forecasts, and then finding solutions viable for a whole environment and the needs of the people within.

With his affinity for architecture, art, and design, Manfred Bene put his keen business acumen and entrepreneurial self-confidence together in the late 1970s and made the significant decision to bring the architect Laurids Ortner into the company – not just to design, but also to help shape company strategy, a tactic which today would be called "Design Thinking".[1] Ortner, who greatly influenced the visionary architecture of the 1960s and 1970s with the Haus-Rucker-Co, proved to be both a serious and visionary thinker.

Together with Laurids Ortner, Thomas Bene began to examine developments in working life and their spatial ramifications – going far beyond the horizons of most of their competitors. This became the cornerstone of an approach that, over the years, has repeatedly proved itself as the stable foundation of the Bene philosophy and corporate identity: Our product is room design.

Over twelve years ago, an article in the *Wirtschaftsblatt* newspaper about entrepreneur Manfred Bene accurately started with the words, "Manfred Bene's uncompromising design orientation has crafted a billion dollar company out of the family business."[2] Both as a person and as a company, Bene has set an example. During his days on the executive committee of the Austrian Institute of Design (from which funding was withdrawn in the 1990s), he was already active as an important bridge-builder between business and design.

The recognition of design as a key to success is an approach that Bene company executives continue to support today. This attitude has led to the brand's differentiated and positive image as a capable partner for all aspects of the work world, an image that is especially strong in professional circles.

Die Designer Kai Stania, Christian Horner, Johannes Scherr
Designers Kai Stania, Christian Horner, Johannes Scherr

Das Bekenntnis zu Design als Schlüssel zum Erfolg ist eine Haltung, die bis heute von den Führungskräften des Unternehmens mitgetragen wird. Sie hat dazu geführt, dass Bene eine Marke ist, die – gerade in Fachkreisen – sehr differenziert und positiv wahrgenommen wird und als Partner in allen Fragen der Arbeitswelt gesehen wird.

Für Architekturschaffende ist man nicht nur Anlaufstelle in Fragestellungen und Planungsunterstützung, sondern als langjähriger Partner der »Zentralvereinigung der Architekten« Austragungsort unzähliger Vorträge, die dafür sorgen, dass sich die heimische Architektenschaft in den Bene-Räumlichkeiten in ganz Österreich zu Hause fühlt.

Markenstabilität und Kontinuität bedeutet im Falle von Bene aber auch den Mut zu haben, seine Identität darin zu erkennen, dass man sich traut, immer wieder Neuland zu beschreiten.

Die Designstrategie unterliegt folglich dem Wandel und Umbau der Designlandschaft. Wenngleich einige wenige Designer dem Unternehmen jeweils über Jahrzehnte verbunden bleiben, so hat man sich in Waidhofen an der Ybbs jeweils zum richtigen Zeitpunkt entschieden, die Strategie in der Zusammenarbeit mit den Designern (und bislang kaum Designerinnen!) umzudenken. Nach der prägenden Ära von Laurids Ortner ging man erst zu einem In-House Designteam über, dessen Protagonisten Kai Stania, Christian Horner und Johannes Scherr im Laufe der Jahre als Autoren ihrer Entwürfe sichtbarer wurden. Sie prägen als kontinuierliche Mitdenker maßgeblich das Produkt-Portfolio, während man sich zuletzt mit international renommierten Autoren-Designteams an einige spezifische Projekte herangewagt hat.

Entwicklungen wie das Compact Office bilden Meilensteine in der Designgeschichte des Unternehmens. Wie Zonen am besten eingeteilt werden, wie man sie entwickelt, Flächen optimiert, interne Kommunikation vereinfacht und ermöglicht, welche Arbeitsplatztypologien definiert werden – all dieses Wissen und Können ist Resultat einer Jahrzehnte andauernden, leidenschaftlichen Auseinandersetzung mit der Thematik durch verschiedenste Player.

Mit einem Gewinn für beide Seiten: als Marktführer in Österreich und als börsennotiertes Unternehmen kann man sich so im internationalen Umfeld beweisen, von Kundenseite wird erkannt, dass »die Performance steigt, wenn Büroräume zu Lebensräumen werden«. Wirtschaftlichkeit, Wirksamkeit, Wertevermittlung und nicht Büros aneinanderreihen lautet die Formulierung der Basisthese.

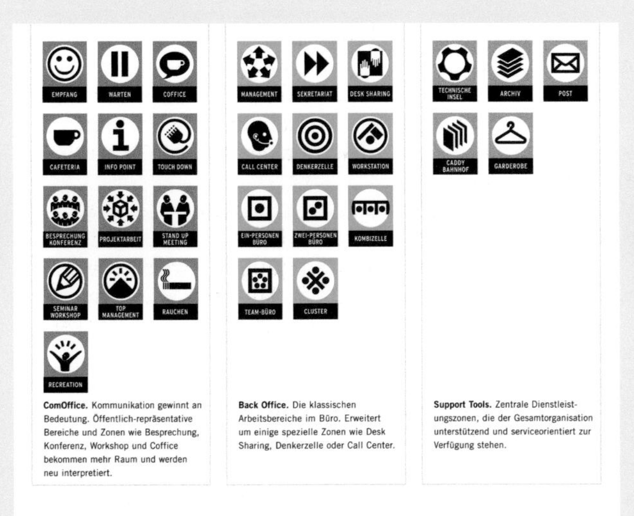

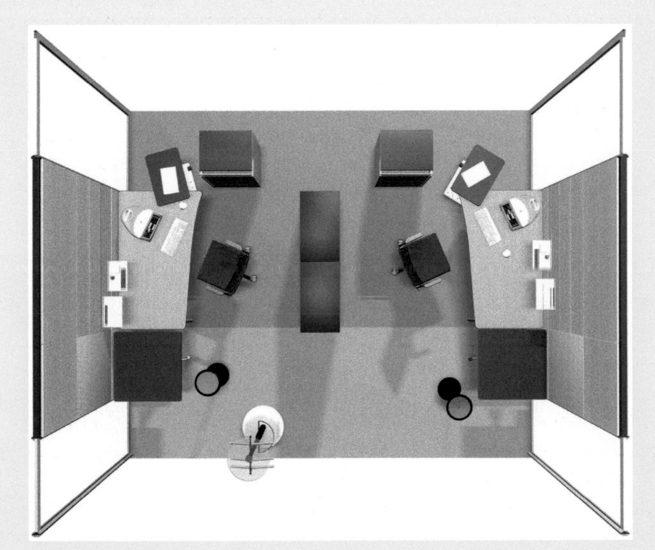

Compact Office
Compact Office

Bene is the first stop for architects in need of information and planning support. As a longtime partner of the Zentralvereinigung der Architekten (Central Architectural Association), they have hosted countless seminars ensuring that the professional architects of the nation always feel welcome in Bene facilities throughout Austria.

In Bene's case, brand stability and continuity mean having the courage to recognize one's identity as daring to tread new ground, again and again.

The design strategy is therefore subject to the changes and transformations of the design landscape. Even though a certain few designers have stayed with the company for decades, the company has always made the decision to rethink their strategy at the right time, in cooperation with the (so far mostly male!) designers. After the formative era of Laurids Ortner, the company switched to an in-house design team, with members Kai Stania, Christian Horner, and Johannes Scherr. Their designs became more prominent over the years. Continuous brain-stormers, they significantly enhanced the Bene product portfolio, and have most recently ventured into several special projects with internationally renowned design teams.

Developments such as the "Compact Office" are milestones in the design history of the company. How to best divide and develop work zones, to optimize space, how to enable and simplify internal communications, and define work space types – all this knowledge and skill is the result of decades of passionate dialogue on the topic by a wide range of people.

This has brought benefits for both sides. As market leader in Austria and as a publicly traded company, Bene can prove itself to the international arena by showing that customers recognize that "Performance rises when office space is made into living space." Efficiency, effectiveness, and passing on values are the underlying concepts – not just lining up desks.

So, where it once was "just" about furniture, it is now about a complete package uniting furniture, space, planning, and aesthetics. This includes furniture and the company's own supplemental products such as walls, sound proofing and absorption, lighting, flooring, and media technology interface concepts. Without hesitation, Bene will source merchandise from other manufacturers, even from the competition, if needed to attain the goal of implementing a particular complete room design. An essential aspect of this is having planning and project management departments that support sales and distribution by making the idea become reality. The challenge to continuously think one step ahead on all these different levels is well worth the rewards to Bene.

EOOS: Gernot Bohmann, Harald Gründl, Martin Bergmann
EOOS: Gernot Bohmann, Harald Gründl, Martin Bergmann

Wo es also einst »nur« um Möbel ging, geht es jetzt um das Gesamtpaket, das Möbel, Raum, Planung und Ästhetik vereint, das schließt Möbel und eigene Produkte wie Wände, Raumakustik, Beleuchtung, Beläge, Medientechnik und Nutzungskonzepte ebenso ein, wie Handelswaren anderer Hersteller – bis hin zur Konkurrenz! – um den Anspruch eines komplett gestalteten Raumes umzusetzen. Wesentliche Bestandteile sind Planungs- und Projektmanagementabteilungen, die den Vertrieb bei der Umsetzung dieser Idee unterstützen. Auf all diesen Ebenen einen Schritt vorauszudenken, darin liegt die Herausforderung.

Als weiterer Meilenstein kann wohl auch die verstärkte Zusammenarbeit mit international agierenden Designteams wie PearsonLloyd oder EOOS in jüngster Zeit gesehen werden. Das britische Designbüro zählt etwa Virgin Airlines, Artemide, Classicon und Fritz Hansen zu seinen Kunden. Luke Pearson und Tom Lloyd sind aber – als Abgänger des exzellenten Royal College of Art wenig überraschend – nicht nur hervorragende Industrial Designer, sondern so wie ihre österreichischen Kollegen EOOS stets auf der Suche nach dem Ursprung der Form und Funktion. Die Auseinandersetzung mit Archaik und Ritual, Research und Mut zur Avantgarde prägt also beide Teams und hat Bene jeweils eine Reihe wegweisender Produkte beschert. Österreichs Designaushängeschild EOOS, die für Armani, Adidas, Duravit, Walter Knoll, Zumtobel und viele andere namhafte Hersteller arbeiten, haben neben dem (mit Keilhauer entwickelten) Filo Chair für Bene den Filo Table geschaffen. Ihre poetische Vorstellung von einem schwebenden Brett, das eine Bühne bildet, die sich den Akteuren unterordnet, wurde von Bene nicht nur in entsprechender Eleganz umgesetzt, der Konferenztisch ist auch unsichtbarer Weise mit Medientechnik bestückbar, um allen technischen Ansprüchen zu genügen.

Thomas Bene, Manfreds Sohn und Vorstand für Marketing und Portfolio, hat der Wichtigkeit der Forschung und Weiterentwicklung, zuletzt etwa auch mit der Beauftragung des Helen Hamlyn Centre am Royal College of Art, mit einer Studie zu Knowledge Workers und verschiedenen Typologien arbeitender Menschen Ausdruck verliehen. »New Working Environments« nennt sich wiederum das Researchprojekt, das Bene mit Pearson Lloyd in der Serie PARCS zu einem großartigen dreidimensionalen Ergebnis gebracht hat, und viele Teile finden sich in den Räumlichkeiten, die Designphilosophie des Unternehmens ist an allen Standorten spürbar. »Unserer Meinung nach sind noch zu viele Unternehmen und Manager einem Denken verhaftet, wonach Menschen nur dann arbeiten, wenn sie an einem Schreibtisch sitzen«, erklärt Tom Lloyd: »Es bedarf der Aufgeklärtheit, Progressivität und des Realitätssinns um zu erkennen, dass auch jemand, der auf einem Sofa sitzt, Mehrwert für das Unternehmen schaffen kann.«[3]

[3] http://www.iv-niederoesterreich.at/b216
http://www.iv-niederoesterreich.at/b216

Konferenzprogramm
Filo. Design: EOOS, 2008
Filo conference system.
Design: EOOS, 2008

Another milestone in Bene evolution is the recent partnering with international design teams PearsonLloyd of England and EOOS of Austria. The British design company counts Virgin Airlines, Artemide, Classicon, and Fritz Hansen among its customers. Luke Pearson and Tom Lloyd are superb industrial designers (both graduates of the excellent Royal College of Art), always looking for the origins of form and function. This can also be said about their Austrian colleagues EOOS. The teams' mutual fascination with the archaic and ritualistic, their strong research, and exceptional courage to integrate the avantgarde has brought Bene a series of pioneering products. Austria's figurehead for design, EOOS, has worked for Armani, Adidas, Duravit, Walter Knoll, Zumtobel, and many other notable manufacturers. They created the Filo chair together with Keilhauer, and the Filo table for Bene. Their dramatic vision for the office set was that of a hovering plank forming a stage beneath the "actors". Created by Bene with a consummate portion of elegance, the conference table can also be invisibly equipped with the media technology necessary to meet all the customer's technical requirements.

Thomas Bene, Manfred's son and the Director of Marketing and Portfolio, recently underlined the significance of research and development by commissioning the Helen Hamlyn Centre at the Royal College of Art with a study of knowledge workers and other worker typologies. Another research project titled, "New Working Environments," by Bene and PearsonLloyd blossomed spectacularly in the PARCS series, many pieces of which can be found on the company premises, making manifest the design philosophy of the company. "In our opinion, too many companies and managers are still stuck to a way of thinking that says that people are only working when sitting at a desk," explains Tom Lloyd. "It requires enlightenment, progressiveness, and a sense of reality to recognize that even someone who is sitting on a sofa can create value for the company."[3] Only by implementing ideas like those of these dedicated design professionals will one's own company be able to reap the benefits of the more holistic approach to understanding office space productivity. Whoever visits the new Bene building by RATAPLAN in the Neutorgasse in Vienna can see this first-hand.

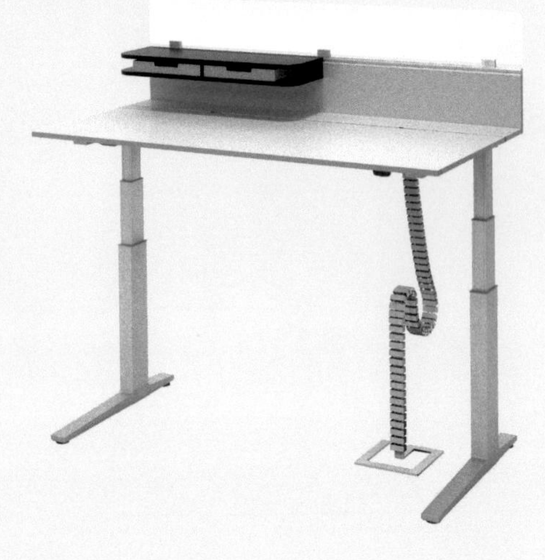

T-Plattform Lift_Desk
Design: Christian Horner, Johannes Scherr, Kai Stania
T-Platform Lift_Desk
Design: Christian Horner, Johannes Scherr, Kai Stania

Solche Erkenntnisse der involvierten Designschaffenden gilt es dann auch allen voran im eigenen Unternehmen umzusetzen. Wer etwa das neue Bene-Haus von RATAPLAN in der Neutorgasse in Wien besucht, kann daran teilhaben.

Die Serie PARCS, ebenso wie eine Reihe anderer Bene-Produkte, etwa die Glasflurwand »RF«, wurden mit zahlreichen nationalen und internationalen Auszeichnungen gewürdigt, darunter der Designpreis der Bundesrepublik Deutschland, mehrfach der »iF Gold Award« für hohe Designqualität und dem »red dot award«. Die Bestätigung dafür, dass herausragendes Design als integrativer Bestandteil der Bene-Unternehmenskultur honoriert wird, kommt also von vielen Seiten und ist eine weitere Qualitätsgarantie. In wirtschaftlich angespannten Zeiten ist das Vordenkertum gut etablierter Player mit langjähriger Expertise eine wesentliche Absicherung gegenüber den nacheifernden Mitbewerbern. Denn auch wenn sich die Arbeitswelt in einem steten Wandel befindet – Laurids Ortner hat die immer wiederkehrende Frage nach dem Büro der Zukunft einmal sinngemäß so beantwortet: »Es wird immer so etwas wie einen Bienenkorb geben, wo alle zusammentreffen und die Resultate ihrer jeweiligen Arbeit zusammentragen.«[4] Bene ist bienenfleißig daran mitzubestimmen, wie dieser Ort beschaffen ist und in Zukunft aussehen wird.

[4] Vgl. Leben im Büro, Laurids Ortner, in: Bauwelt 13/1989; Werk, Bauen + Wohnen 10/1989
Cf. Leben im Büro, Laurids Ortner, in: Bauwelt 13/1989; Werk, Bauen + Wohnen 10/1989

The PARCS series, among other Bene products such as the glass corridor wall "RF," have been honored with numerous national and international awards, including the Design Award of the Federal Republic of Germany, several iF Gold Awards for high design quality, and the red dot award. The variety of these awards confirms the fact that design excellence is an honored and integral part of Bene's corporate culture and is a further guarantee of quality. In tough economic times, the proven prescience of players with years of expertise is an essential advantage against emulation by the competition - even if the work world is constantly changing.

"What will the office of the future be like?" – a perennial question asked of Laurids Ortner. The gist in his primed response is: "There will always be something like a beehive where everybody comes together and assembles the results of their work."[4] So Bene stays busy as bees, working on sculpting the hive and designing the office productivity space of the future.

PARCS. Design: PearsonLloyd, 2009

PARCS. Design: PearsonLloyd, 2009

Johanna Zugmann

Der Innovator

Erfolg braucht Innovationskraft. Bene und sein Team hat sie. Und das nicht zu knapp. Eine Annäherung an den Innovator Manfred Bene in sechs Thesen.

The Innovator

Success needs innovative power. This power is exercised by Bene and his team in ample amounts. A six-step, theoretical look at innovator Manfred Bene.

[1] Vgl. Jochen Buchsteiner, Die Stunde der Asiaten. Wie Europa verdrängt wird, rororo, Reinbek bei Hamburg 2008
Cf. Jochen Buchsteiner, Die Stunde der Asiaten. Wie Europa verdrängt wird, rororo, Reinbek bei Hamburg 2008

These 1
Innovationskraft braucht das Wissen um die Bedeutung von Innovation.

Im globalen Wettbewerb gibt es nur eine Zukunftsversicherung für Österreichs Unternehmen. Und die heißt: Innovation. Der Standort Österreich kann den internationalen Wettbewerb nicht mit niedrigen Löhnen oder niedrigen gesetzlichen Standards im Sozial- und Umweltbereich gewinnen, sondern nur durch neue und verbesserte Produkte und Dienstleistungen, die substanzielle Wertschöpfung bringen. Nur das bringt uns weiter. Gerade der Innovationswettbewerb wird sich weiter beschleunigen, weil weltweit aus bisherigen Imitatoren sehr rasch Innovatoren werden. Die Zukunft von Entwicklung und Innovation findet nicht mehr nur in den gewohnten geografischen Räumen statt. China und Indien sind die Wirtschaftsgiganten der Zukunft, sie werden die weltwirtschaftliche Entwicklung stark und nachhaltig prägen. Vor unseren Augen vollzieht sich ein massiver Wandel in der Innovationsgeografie der Welt. Das alles hat massive Konsequenzen für Europa, für Österreich. Europa gleicht einem Dorf, das von wuchtigen Neubausiedlungen bedrängt wird, schreibt der Asien-Experte der »FAZ«, Jochen Buchsteiner.[1] Und: Die Asiaten würden uns heute nicht mehr als »Andere« gegenübertreten, die Gleiches anders machten, sondern als Gleiche, die das Gleiche besser machten. Ihre Stärken lägen darin, dass sie zahlreich und jung seien und an morgen glaubten, so Buchsteiner. Es ist kein kleiner, sondern der entscheidende Unterschied, dass wir mit Innovationen zwei, drei Jahre lang punkten können, bevor sie auf der anderen Seite der Erdkugel kopiert werden. Sonst werden nämlich bald wir die Kopiermaschine sein.

Was das alles mit Manfred Bene zu tun hat? Sehr viel. Eigentlich alles. Denn heute ist es kein Problem, dem einen oder anderen heimischen Mittelständler positive Wortmeldungen und auch Aktivitäten zum Thema Innovation hervorzulocken.

Die Awareness für Innovation ist deutlich gestiegen. Vor wenigen Jahrzehnten war das aber noch ganz anders. Da war Innovationskraft für die meisten mittelständischen Unternehmen ein Fremdwort. Nicht so für Manfred Bene. Er hat in seinem Unternehmen als Innovationstreiber gewirkt. Das machte und macht den Unterschied. Gestern eine mittelständische Tischlerei. Heute eine europäische Unternehmensgruppe, die Trends im Büro mitgestaltet und mit ihren Konzepten, Produkten und Dienstleistungen definiert. Bene ist heute eine Marke, die man mit höchster Qualität und Funktionalität, mit modernem Design und innovativer Technik verbindet.

Warum? Weil Manfred Bene einfach schon sehr lange über die enorme Bedeutung für Innovationskraft für wirtschaftlichen Erfolg Bescheid weiß – und entsprechend gehandelt hat. Anderen Unternehmen war ihre Innovationspolitik egal. Sie haben weiter das gemacht, was sie bisher schon gemacht haben. Macht nichts. Heute gibt es sie nicht mehr. Die äußerst lebendige Bene-Firmengeschichte zeigt hingegen: Innovationskraft liegt bei der Familie Bene offenbar in den Genen. Manfred Bene hat jedenfalls, wie der Blick auf die Entwicklung des Unternehmens unter seiner Führung zeigt, ganz besonders viel davon mitbekommen.

Hypothesis 1
Creative drive requires an awareness of the importance of innovation.

There is only one way to ensure the future of Austrian companies on the world market: Innovation. As a country, Austria can't gain global advantages through low wages or shoddy social and environmental standards, but it can through new and improved products and services with an inherent substantial value. Only this will move Austria forward and competition in innovation will continue to intensify as those who were once the imitators of the world rapidly become innovators. The future of development and innovation is no longer taking place in the usual geo-political areas. China and India are the economic giants of the future and will have a strong and sustainable impact on the global economy. A massive shift in the geography of worldwide innovations is taking place before our very eyes. This change has massive consequences for Europe and for Austria. "Europe is like a village being squeezed by massive new settlements," writes journalist Jochen Buchsteiner, Asia expert at the Frankfurter Allgemeine Zeitung. And there's more: Asians are no longer going to approach us as the "others," who are doing the same things, but differently. Instead, they will come as equals who are doing the same thing, but better. Their strengths lie in being "numerous and young – and believing in tomorrow," says Buchsteiner.[1] It is not a small difference, but rather the crucial point – that we can benefit from innovations for two or three years before they start being copied on the other side of the globe. Without this difference, it would soon be us acting as the copy machine.

What does all this have to do with Manfred Bene? A lot. Actually, everything.

The overall awareness of innovation has increased significantly. Today, one has no problem whatsoever eliciting positive commentary about innovation-related activities from various domestic small and medium sized enterprises. Only a few decades ago, the situation was still quite different. Innovation was a foreign word for most entrepreneurs, but not for Manfred Bene. He was the innovation driver of his company. This made, and still makes, the difference. Yesterday, a medium-sized carpentry shop. Today, a European group of companies that designs office trends, defining products and services through its innovative concepts. Bene has become a brand associated with top quality and functionality, modern design, and innovative technology.

Why? Simply because Manfred Bene has, for some time now, recognized the enormous importance of innovation for economic success – and has acted accordingly. Other companies disregarded their innovation policies. They just continued doing what they had always done. But never mind, those companies no longer exist. The very lively history of the Bene company shows, however, that innovation clearly lies in the Bene family genes. Manfred Bene got more than his fair share of them, as can be seen by a look at the development of the business under his leadership.

These 2
Innovationskraft braucht das Wissen um die Bedeutung von Innovation.

Leadership ist wichtig. Aber nicht alles, wenn es um Innovationskraft geht. Man muss auch sehr genau und sehr gut zuhören können. »Die Zukunft brüllt nicht, sie flüstert«, sagt der amerikanische Zukunftsforscher Paul Saffo.[2] Er will damit deutlich machen, dass man sehr genau hinhören und hinschauen muss, um Zukunftstrends frühzeitig zu entdecken. Manfred Bene ist jemand, der immer sehr genau zugehört hat. Und zwar nicht nur den üblichen Verdächtigen, wie Beratern, Managern und Experten. Sondern auch Kreativ- und Querköpfen aus Architektur und Design, wie dem jungen Laurids Ortner. Und deshalb konnten neue Möglichkeitsräume entwickelt werden. Zum Beispiel jenen, Bürogestaltung als ein Managementinstrument zu verstehen, das Arbeitsprozesse unterstützt und Kultur und Selbstverständnis von Unternehmen nach innen und außen zu dokumentiert.

Bene hat schon früh antizipiert, wie wichtig Büros als Identitätszentralen für Unternehmen sind. In einer Wirtschaftswelt, in der vieles austauschbar geworden ist, geben Büros von Bene Identität und Orientierung. Keine Frage, dass die Bürophilosophie von künstlerisch-kreativen Inputs sehr maßgeblich geprägt wurde – und nach wie vor wird. Dafür muss man offen sein. Dafür muss man nicht nur hinsehen, was am Markt gegenwärtig passiert, dafür muss man auch zuhören können, was einem die Zukunft so flüstert.

Dieses Sensorium fällt auch in einem ganz anderen Zusammenhang ins Gewicht. Manfred Bene hat auch den Generationswechsel im Unternehmen zum richtigen Zeitpunkt und konsequent umgesetzt, als er 2006 in den Aufsichtsrat wechselte und die Fortführung und Weiterentwicklung des eingeschlagenen Wegs dem Vorstandstrio Frank Wiegmann, Wolfgang Neubert und Thomas Bene anvertraute. Oder, als er die Entscheidung traf, einen Finanzinvestor ins Unternehmen zu holen. Solche Entscheidungen richtig und zum richtigen Zeitpunkt zu treffen, schaffen die wenigsten Unternehmer, wissen Experten.

[2] GDI IMPULS: Das Ende der Zukunft. Wie Trendforschung heute Prognosen zu Wissen macht (Winter 2006/2007)
GDI IMPULS: Das Ende der Zukunft. Wie Trendforschung heute Prognosen zu Wissen macht (Winter 2006/2007)

Hypothesis 2
Innovative minds are better listeners.

Leadership is important, but it's not everything – especially when it comes to innovative energy. One must be able to listen very carefully and very exactly. "The future doesn't roar, it whispers," said American futurologist Paul Saffo.[2] What he means is that one has to look and listen very carefully to discover future trends early enough. Manfred Bene is a person who has always listened very closely. And not just to the usual suspects, such as consultants, managers and specialists. He also listens to creative and out-of-the-box thinkers of architecture and design, like the young Laurids Ortner. And therefore, new areas of opportunity were opened up. For example, seeing office design as a management tool to support work processes and exemplify the culture and image of a business both internally and externally.

Bene anticipated the importance of offices as company identity centers very early on. In a business world in which much has become interchangeable, Bene offices provide identity and orientation. No question – their office philosophy has been significantly sculpted by artistic and creative input – and this is still happening today. This requires a open mind. One must not only keep an eye on what is currently happening on the market, an ear must also be cocked to hear what the future is whispering.

These senses are also important within a very different context. Manfred Bene undertook a generational change in the company solidly and at the right time. In 2006, he moved to the supervisory board and entrusted the maintenance and development of the new path to the board trio: Frank Wiegmann,Wolfgang Neubert, and Thomas Bene. Later on, he made the decision to bring a financial investor into the company. As experts know, only a handful of entrepreneurs successfully manage to make such decisions correctly and at the right time.

These 3
Hinter Innovationskraft stehen Visionen.

Österreichs Innovationslandschaft entwickelt langsam und stetig. »Adaptive Innovationsleistung« nennen das die Innovationsforscher. Soll heißen: Innovation erfolgt im Rahmen vieler kleiner Einzelschritte. Sie ist weniger den großen Innovationswürfen zu verdanken. »Think big« ist somit nicht die vorherrschende Herangehensweise unserer Unternehmen an ihre Zukunft.

Bei Bene wurde da immer schon eine Ausnahme gemacht. Und den Visionen sehr viel Raum gelassen. Das reicht zurück bis in die 1960er Jahre, wo Architekturvisionen Welt, Land und Räume verändern wollten – und auch verändert haben. Kein Wunder, dass sich Manfred Bene gerne an Devisen wie »Zuerst prägen wir unser Umfeld, dann prägt das Umfeld uns« erinnert. Solche visionären Paradigmata haben schließlich die Firmenphilosophie und Firmengeschichte von Bene geprägt. »Raum ist, was uns umgibt«, sagt Manfred Bene. Egal, ob Landschaft, Stadt, Wohnungen oder Büro. Büro war und ist vor allem ein Lebensraum, ein »heißer Ort« der Kommunikation und Kreativität. Ein Raum, der die Schwingungen einer anregenden Atmosphäre atmen soll.

Solche Visionen waren die Triebkraft für die Erfolgsgeschichte des Unternehmens. Sie bildeten den fruchtbaren Boden für Büro-Innovationen, die das Unternehmen im Lauf der Jahre entwickelt hat. Manfred Bene hat sein Business nicht in kühler Büro-Hardware, sondern in heißen Büro-Layouts gedacht – und betrieben. Sein Anspruch war immer der Raum und seine Gestaltung. Diese Herangehensweise zeichnet den Visionär aus. Und erklärt die sensationelle Erfolgsgeschichte von Bene. Für Experten ist klar: Angesichts des Kampfs um die besten Köpfe und den Übergang in die Wissensgesellschaft ist die Vision vom »Lebensraum Büro« aktueller und erfolgsentscheidender denn je.

Hypothesis 3
Visions are the driving power behind innovation.

The landscape of innovation in Austria has developed slowly and steadily. Innovation researchers call this "adaptive innovation capacity," meaning that innovation tends to occur in a multitude of small steps and less in great leaps. Thus, "think big" is generally not the Austrian company's mantra towards the future.

Bene has always made exceptions to this rule by giving visions all the space they need. This goes back to the 1960s, where architectural visions aimed to change the world, the country, and spaces – which they did. It is no wonder that Manfred Bene likes to call up maxims like, "First, we define the environment, and then the environment us." Without question, such visionary paradigms have marked both the philosophy and the history of the Bene company. "Space is what is around us," says Manfred Bene. Whether landscape, city, apartment, or office, it is all space. An office is, above all, a living space, a "hot spot" of communication and creativity. A space which should exude the vibrations of a stimulating atmosphere.

Such visions were the driving force behind the success of the company. They formed the fertile ground for the office innovations that the company developed over the years. Manfred Bene didn't think – or operate – his business in cold office hardware, but in hot office layouts. His interest was always in the room and its design. This approach distinguishes the visionary and explains Bene's sensational success story. For experts it is clear: In view of the battle for the best minds and the transition to a knowledge-based society, the vision of an "office living environment" is more relevant and critical for success than ever before.

These 4
Innovation fordert und fördert Expansion.

Wer innovativ ist, braucht Raum zum Wachsen. Den gibt es für viele österreichische Unternehmen vor der Haustüre, denn der heimische Markt ist und bleibt ziemlich überschaubar. Nicht nur für die Büromöbel-Branche. Während immer mehr Unternehmen Gehversuche am internationalen Parkett unternehmen, wirbelt Manfred Bene dort schon seit langer Zeit äußerst elegant und erfolgreich herum. Er hat früh erkannt, dass man für sein Business große Märkte braucht. Und so erlebte Bene bereits in den 1980er und 1990er Jahren einen offensiven Internationalisierungsschub. Bene ist mit eigenen Geschäftsstellen dort, wo die Zukunft ist. Zum Beispiel in London, in Moskau oder auch in Dubai. Die Bilanz ist beeindruckend: Bene zählt heute zu den expansivsten Unternehmen der Branche. Ganz entscheidend dafür ist wohl auch die Strategie, mit einem eigenen Vertrieb am Markt zu agieren. Das erlaubt dem Unternehmen die Fokussierung auf expandierende Märkte bei gleichzeitiger Risikominderung. Und: Die Kunden gehören dank eigenem Vertrieb Bene, und nicht irgendwelchen Händlern. Die von Manfred Bene gestartete und erfolgreich umgesetzte Expansions-Story geht heute weiter. Kernzonen für Marktexpansionen sind Deutschland, Osteuropa, Frankreich und Großbritannien sowie die Vereinigten Arabischen Emirate. Es darf wieder kräftig gewachsen werden.

Hypothesis 4
Innovation needs and encourages expansion.

Innovative people need space to grow. For many Austrian companies this space is available right in their own backyard, since the domestic market remains quite manageable, as is the case with the office furniture industry. While more and more companies are taking tentative steps onto the international stage, Manfred Bene has been swirling around on it for a long time already, with both elegance and success. He recognized very early on that his business needs a large market. This is why Bene undertook an offensive international thrust as early as the 1980s and 1990s. Bene has branch offices in the places of the future, like in London, Moscow, and Dubai. The balance sheet is impressive and Bene is one of the fastest growing companies in the industry. A crucial factor for this success is probably the strategy of acting through its own sales distribution network. This allows the company to focus on expanding markets, while simultaneously minimizing risk. And, thanks to having its own sales locations, the customers are then Bene's and not those of some furniture shop. The expansion story that Manfred Bene launched and successfully carried through continues today. Core market expansion areas are Germany, Eastern Europe, France, Great Britain, and the United Arab Emirates. Growth can flourish once again.

[3] Roland Baader, Das Kapital am Pranger. Ein Kompass durch den politischen Begriffsnebel, Resch, Gräfelfing 2005, S. 150
Roland Baader, Das Kapital am Pranger. Ein Kompass durch den politischen Begriffsnebel, Resch, Gräfelfing 2005, p. 150

[4] Gerd Habermann, Richtigstellungen. Ein polemisches Soziallexikon, Olzog, München 2006, S. 143f.
Gerd Habermann, Richtigstellungen. Ein polemisches Soziallexikon, Olzog, Munich 2006, p. 143f.

These 5
Innovation braucht Unternehmertum.

Dank Joseph Schumpeter wissen wir um die Bedeutung des Unternehmers für Innovation. Der unternehmerische Pionier, wie ihn Schumpeter erdacht hat, erklärt die Grundlagen für die Dynamik marktwirtschaftlicher Ordnungen. Der Schumpetersche Unternehmer ist ein Symbol für Innovation und Revolution. Im Prozess der schöpferischen Zerstörung des Bestehenden setzt er bekanntlich »neue Kombinationen« durch – neue Waren und Dienstleistungen, Herstellungs-, Transport- und Kommunikationsmethoden, Einkaufs- und Absatzwege, Organisationsformen und Marktstrukturen. Unternehmer ist man eben – auch, wenn man das ursprünglich gar nicht wollte, wie Manfred Bene. Aber schließlich lernte er dann doch das Unternehmertum von der Pieke auf – und hat sich nach der Übernahme des Betriebes zunächst als one-man-show um den Betrieb mit 70 Mitarbeitern gekümmert. EDV-Einführung, Kalkulation, Stücklistenorganisation, Bürokratie – Manfred Bene kann man in Sachen Unternehmensführung nichts vormachen, was heute wohl auch der Vorstand zu schätzen weiß. Der Unternehmergeist von Manfred Bene hat den Betrieb groß gemacht. Meilensteine wie die Einführung des Direktvertriebes, die Just-in-time-Produktion (Anfang der 1980er Jahre), die Einrichtung einer neuen Halle ohne Trennwände für die industrielle Fertigung oder die bereits zitierte Vision vom »Lebensraum Büro« haben eine unternehmerische Erfolgsgeschichte möglich gemacht, die ihresgleichen sucht.

Es ist wichtig, diese Erfolgsgeschichte weiterzuerzählen. Gerade jetzt. Denn im Zug der Wirtschaftskrise haben manche wieder damit begonnen, das Unternehmertum schlechtzureden. »Die hohen Gewinne eines Unternehmens oder ›der Unternehmer insgesamt‹ anzuprangern, zu beklagen und zu verteufeln, ist in einer marktwirtschaftlichen Wettbewerbsordnung nicht nur ein Zeichen für ökonomische Ignoranz; es ist, mit Verlaub, idiotisch«, kritisiert der Ökonom Roland Baader, für den die Unternehmer die eigentlichen Helden der Neuzeit sind.[3] Weil sie Lösungen bringen. Sie sorgen mit ihrer Innovationskraft für Beschäftigung und Wohlstand. »Der Unternehmer ist die Person, die die gute Gelegenheit erspäht und zugunsten der Marktgemeinschaft ausnutzt, gesetzt, man lässt ihm billigerweise seinen Unternehmerlohn, gestattet ihm die Verzinsung seines eingesetzten Kapitals und, besonders, auch das Einstreichen einer Wagnisprämie, denn nie kann er seiner Sache ganz sicher sein. Der Unternehmer wird vor allem durch die Kostenrechnung, den Wettbewerb, das Eigeninteresse, Gesetz und Geschäftsmoral kontrolliert (es gibt auch einen Reputationswettbewerb!). ›Stark‹ kann er nur werden, wenn er seinen Mitmenschen nützliche Dienste erweist. Nicht er, sondern der Kunde ist der eigentliche Arbeitgeber«, schreibt der Ökonom Gerhard Habermann über den Unternehmer.[4] Wer hingegen ohne Risiko skalieren will, der hat mit dem Unternehmertum nichts zu tun. »Creatio ex nihilo« ist definitiv kein Prinzip unternehmerischen Denkens und Handelns. Das wissen wir nicht nur seit der Wirtschaftskrise.

Hypothesis 5
Innovation needs entrepreneurship.

Thanks to Joseph Schumpeter, we now know the importance of the entrepreneur for innovation. The entrepreneurial pioneer, as conceived of by Schumpeter, creates the basis for the dynamics of the market economy system. The Schumpeterian entrepreneur is a symbol of innovation and revolution. Through the creative destruction of the existing order, "new combinations" are established – new products and services, manufacturing, transportation and communication methods, purchasing and distribution channels, organizational systems and market structures. An entrepreneur simply is what he or she is, like Manfred Bene – an entrepreneur even though he originally didn't want to be one. But eventually he learned the business from bottom up – and after taking over the company, he took care of the operation (with 70 employees) as a one-man show. Computerization, pricing, stock list organization, bureaucracy – you can't put anything about managing a business over on Manfred Bene, a fact well-appreciated by the board members today. Manfred Bene's entrepreneurial spirit made the company what it is now. Milestones such as the introduction of direct sales, just-in-time production (in the early 1980s), building of a new industrial production space without walls, or the already mentioned vision of the "office living environment" – all these have made an entrepreneurial success story possible that is second to none.

It is important to keep telling this success story, especially now. For in the course of the economic crisis, certain people have begun once again to badmouth the concept of entrepreneurship. "Denouncing, lamenting, and demonizing the high profits of an enterprise or 'the business as a whole' is, in a free market system, not only a sign of economic ignorance, it is, excuse me for saying it, idiotic," criticizes economist Roland Baader. Baader sees entrepreneurs as the true modern-day heroes[3] because they provide solutions and their innovative energy ensures employment and prosperity. "An entrepreneur is a person who spots a good opportunity and exploits it to the benefit of the common market, assuming he or she is left a management salary, allowed to recuperate interest on invested capital, and especially to pocket a risk premium, for one can never be sure. The entrepreneur is steered primarily by cost accounting, competition, self-interest, law, and business ethics (yes, there is such a thing as reputational competition!). He or she can only become 'strong' by providing useful services. The real boss is not the entrepreneur, it is the customer," writes economist Gerhard Habermann.[4] Growth without risk, however, has nothing to do with entrepreneurship. Creatio ex nihilo is definitely not a principle of entrepreneurial thinking and acting. Not only the economic crisis has shown us this.

These 6
Innovation braucht Freiheit.

Die Erfolgsgeschichte von Manfred Bene als Innovationsschrittmacher ist aber nicht nur eine Erfolgsgeschichte der unternehmerischen Freiheit. Sie ist auch eine Geschichte der gelebten Freiheit gegenüber Mitarbeitern und Partnern. In innovativen Unternehmen gibt es einfach mehr Freiheitsräume für kluge Köpfe. Und kluge Unternehmer sorgen mit ihrem Führungsstil auch dafür, dass diese Freiheitsräume möglichst weit geöffnet bleiben. Das ist eine Frage des Führungsstils, aber auch eine Frage der persönlichen Werte. Details, Umsetzung, Administration – das hat Manfred Bene nach eigenen Angaben als Unternehmer nicht wirklich interessiert. Sondern stets die unternehmerischen Meilensteine. Daher hat er seinen Mitarbeitern auch alle Freiheit dieser Welt gegeben, und deshalb, weiß er, ist seine Firma auch so gewachsen, wie sie gewachsen ist. Mitarbeiterinnen und Mitarbeiter haben sich für ihren Arbeitgeber engagiert, weil er auf ihre Kompetenz und ihren Einsatz vertraut hat. Kein Wunder, dass Bene als Arbeitgeber in der Branche einen solch singulären Status genießt. In welchem anderen Unternehmen wurden und werden solche Freiheits- und Möglichkeitsräume für Qualität und Kreativität eröffnet? Und ebenfalls kein Wunder, dass sich Bene um seine Attraktivität als Arbeitgeber keine Sorgen machen muss. Employer Branding war bei Bene schon Praxis, als andere Unternehmen noch nicht einmal die Theorie dazu kannten. Und so fällt der Befund über die außergewöhnliche mittelständische Innovations-Erfolgsgeschichte klar und eindeutig aus: Wo Bene ist, ist vorne.

Hypothesis 6
Innovation needs freedom.

The success story of Manfred Bene as a pacesetter for innovation is not just a success story of free enterprise. It is also a story of living the example of freedom for employees and partners. In innovative companies, brilliant minds have more freedom to move. Smart entrepreneurs make sure that their leadership style keeps these spaces of freedom as wide open as possible. This is a question of leadership style and personal values.Details, implementation, administration – these are things that Manfred Bene has said don't really interest him as a businessman. Instead, he gets excited about the entrepreneurial milestones. This is why he gives his employees all the freedom of the world, and he knows that this is the reason the company has grown as it has. The staff works well for their employer, because he relies upon their expertise and commitment. It is no wonder that Bene enjoys such a singular status as an employer in the industry. In what other company has such freedom been allowed and opportunities created for quality and creativity? It is also no wonder that Bene doesn't need to worry about their desirability as an employer. Employer branding was already Bene's practice before other companies had even heard about the theory. And so the report on this exceptional, mid-sized innovation success story is clear and unambiguous: Find Bene, and you'll find the frontier.

Wojciech Czaja

Bene Schauraum Wien 2010
Bene Showroom Vienna 2010

Architektur Architecture: RATAPLAN
Büro Office: SOLID architecture

Zwischen Börse, Ringturm und der Kirche Maria am Gestade im Herzen Wiens steht das neue Wohn- und Geschäftshaus des Wiener Architekturbüros RATAPLAN. Der gelbe Farbimpuls ist schon von Weitem zu sehen.

Hinter dem 80 Meter langen Schaufenster im Erdgeschoß der Neutorgasse 4–8 verbirgt sich ein 960 Quadratmeter großer Schauraum mit einzelnen Möbeln und inszenierten Arbeitsensembles. Nach einem Innenraumkonzept des Wiener Büros SOLID wird jedes einzelne Möbelstück als Exponat behandelt. Als würde man im Museum von einem Gemälde zum nächsten schreiten, sind auf der Auslagenscheibe dezent Produktname und Designer genannt.

Die Lounge im südlichen Teil des Hauses ist das kommunikative Herzstück des neuen und größten Bene Standortes. Neben Bar, Lounge-Bereich und einem hochwertig ausgestatteten Konferenzraum befindet sich hier auch ein Vortragssaal mit mobilen Trennwänden, die unterschiedliche Konstellationen erlauben. Öffnet man die großzügigen Schiebetüren, lässt sich im Sommer dieser Bereich in den begrünten Innenhof erweitern.

In den beiden Geschoßen darüber liegen weitere 1.700 Quadratmeter Büro- und Verwaltungsbereich, die als Living Showroom konzipiert sind. Die Idee dahinter: Der Kunde soll an Ort und Stelle die Möglichkeit haben, Theorie und Praxis miteinander zu vergleichen. Hier werden die Einrichtungskonzepte von Bene auf ihre Alltagstauglichkeit überprüft. Insgesamt sind rund 30 unterschiedliche Arbeitssituationen und unzählige Anwendungsmöglichkeiten zu sehen – vom Open Office über kleinere Business-Boxen bis hin zum klassischen Zellen- oder Managementbüro. Die einzelnen Büro-Compartments sind jederzeit adaptierbar.

»Natürlich haben wir darauf geachtet, dass sich durch das gesamte Büro ein gestalterischer roter Faden durchzieht«, sagt Sigrid Mayer, verantwortlich für Showroom-Design und Architektin bei Bene. »Gleichzeitig sehen wir den Living Showroom als abwechslungsreiche Stadtlandschaft mit vielen unterschiedlichen Situationen und Raumstimmungen, die genau auf die Bedürfnisse der Mitarbeiter abgestimmt wurden.« Nicht zuletzt dienen die Büros als Bühne für neueste technische Entwicklungen und Ausstattungsstandards. Ein besonderer Fokus wurde auf die Akustik gelegt. Solche Feinheiten kann man nicht in Worte fassen. Man muss sie am eigenen Körper hören, sehen und spüren. Es zählt wie immer das Erlebnis im Maßstab 1:1.

Nestled between the Börse, the Ringturm, and the Kirche Maria Gestade in the heart of Vienna, the new, bright yellow residential and commercial building by Viennese architects RATAPLAN can be seen from afar.

Behind an 80-meter-long display window on the ground floor of Neutorgasse 4–8, a 960-square-meter showroom with individual furnishings and office ensembles can be discovered. The interior architecture was designed by the Vienna office of SOLID, each individual furniture piece presented as in an exhibit. Display panels discreetly identify product and designer, similar to proceeding from one painting to the next in a museum.

The lounge in the southern building section is the heart of communication of the new Bene branch. In addition to a bar, lounge area and exquisitely equipped conference room, is a lecture room with mobile partitions enabling various spatial constellations. Opening the broad sliding doors allows the area to be expanded into the greened inner courtyard during the summer.

The two floors above contain an additional 1,700 square-meters of office and administrative areas, designed as a living showroom. The idea: the customer should be able to compare theory and practice on-site. This is where Bene's interior design concepts are tested for practicality. A total of 30 different work situations and countless application variations can be viewed – from Open Offices to small Business Boxes to the classic cubicles and executive offices. Each individual office compartment is adaptable at any time.

"Of course we made sure that a creative thread draws the offices together," says Sigrid Mayer, responsible for showroom design and Bene architect, "At the same time, we see the Living Showroom as a diverse urban landscape containing many different situations and atmospheres, each tailored to the needs of employees." Last but not least, the offices serve as a performance stage for the latest technical developments and equipment standards. Special attention was paid to acoustics. The subtleties can not even be put into words. You simply have to see, hear and feel them yourself. As always: the 1:1 scale experience is what counts.

Thomas Bene
Vorstand | Board of Directors Bene AG

Erneuerung baut auf Tradition. Natürlich nicht nur, aber so gelingt es leichter Neuland zu beschreiten, könnte man am Schluss dieses Buches resümieren. Dass Bene heute mit neuen Ideen, Konzepten und Produkten überzeugend agiert, verdankt das Unternehmen den Stärken, die es im Laufe seiner Geschichte entwickelt hat. Dazu zählt vor allem die kulturelle Dimension, die wir dem Büro geben, dazu zählt, das Büro als Lebensraum zu gestalten mit unserer Kompetenz für Design, Architektur und für neue Arbeitsplatz-Layouts. Dieser »cultural approach« ist maßgeblich nicht nur für die Entwicklung unserer Konzepte und Produkte, sondern auch unserer Kommunikationsstrategien und für das gesamte Erscheinungsbild der Marke: Alles eine Frage der Kultur, das gilt auch heute und morgen.

Erneuerung gelingt nur dann, wenn man veränderte Rahmenbedingungen frühzeitig wahrnimmt. Vor allem die letzten Jahre brachten große Veränderungen in unseren Arbeitsweisen und Bürowelten. Denn das Zeitalter der Wissensökonomie mit vermehrter Kommunikation, Kooperation und Mobilität stellt den Ort Büro vor neue Herausforderungen – und damit auch ein Unternehmen wie Bene, das sich mit der Gestaltung zeitgemäßer Büro- und Arbeitswelten beschäftigt. Grundlage für das Beschreiten neuer Wege bietet umfassendes Research oder der von uns beauftragte und herausgegebene Trendreport »Räume der Arbeit«, der wesentliche Strömungen aufzeigt.

Dabei zeigte sich, dass es heute – mehr denn je – um Büro als ganzheitlich gestalteten Lebensraum geht, um einen »Kult-Ort« mit vielfältigen, abwechslungsreichen Orten zum Arbeiten. Seit jeher gehört eine vitale Vielfalt von Raumlösungen zum Markenzeichen von Bene. Ein Beispiel, wie man auf dieser Basis zu neuen Qualitäten gelangt, ist der letzte Coup in unserem Produktportfolio: die völlig neuartige Möbel-Kollektion PARCS des britischen Designerduos PearsonLloyd.

Für mich persönlich ist es immer wieder faszinierend zu erleben, wie sich das Unternehmen, das mein Großvater und mein Vater auf den Weg gebracht haben, heute als internationaler Player behauptet. Dies mitzugestalten ist umso erfreulicher, als Bene ein so hervorragendes Fundament hat. Dafür möchte ich mich bei allen, die diesen großartigen Aufbau bewerkstelligt haben, bedanken, insbesondere bei Manfred Bene. Und natürlich bei all jenen, die zurzeit mit großem Engagement daran beteiligt sind, den erfolgreichen Weg der Marke Bene fortzusetzen!

Modernization is built on tradition. Not on that alone, of course, but the conclusion of this book could be that tradition makes the work of treading new ground easier. Bene owes the convincing new ideas, concepts, and products it has today to the strengths that the company has developed throughout its history. The most important of these is the cultural element which we instill in the office as such – using our expertise in design, architecture and new workplace layouts to turn offices into living spaces. This "cultural approach" is crucial not only to the development of our concepts and products, but also to our communication strategies and the overall presentation of the brand. It's all a question of culture, and this is true both today and tomorrow.

Innovation can only be successful if changing conditions are recognized early on. The last few years in particular have seen great changes in our work methods and office environments. The knowledge economy era, with its increased communication, collaboration, and mobility, brings new challenges to the office – and therefore also to the Bene company, involved as it is with the design of modern office and work environments. The stepping stones for treading this new ground are comprehensive research and the trend report "Räume der Arbeit" (work spaces), which we commission and publish with the goal of revealing important trends.

What is shown is that today – more than ever – offices need to be comprehensively-designed living spaces with versatile and varied places to work. One of Bene's hallmarks has always been its broad and dynamic variety of spatial solutions. A good example of attaining new qualities in this way is the latest coup in our product portfolio: a completely new type of furniture collection, PARCS by British designer duo PearsonLloyd.

For me personally, it is always fascinating to see how the company started by my grandfather and father is now internationally active. Playing a role in this is especially gratifying since Bene has such an excellent foundation. Therefore, I would like to thank everybody who has helped accomplish this great development, in particular Manfred Bene. And, of course, all those currently so enthusiastically involved in successfully carrying on the Bene company name!

1280 Mitarbeiterinnen und Mitarbeiter
1280 employees

Bene Aschaffenburg

Bene Berlin

Bene Bratislava

Bene Bregenz

Bene Brüssel

Bene Budapest

Bene Bukarest

Bene Dubai

Bene Dublin

Bene Düsseldorf

Bene Essen

Bene Frankfurt

Bene Graz

Bene Hamburg

Bene Hannover

Bene Innsbruck

Bene Kiev

Bene Klagenfurt

Bene Köln

Bene Laibach

Bene Leipzig

Bene Linz

Bene London

Bene Mannheim

Bene Moskau

Bene München

Bene Prag

Bene Rotterdam

Bene Salzburg

Bene Singapur

Bene Sofia

Bene St. Petersburg

Bene Stuttgart

Bene Villingen-Schwenningen

Bene Waidhofen

Bene Warschau

Bene Wien

Bene Zürich-Wallisellen

Handelspartner
Business partners

Al Muhalhel
Kuwait City
Kuwait

Bene Australia
Richmond
Australien

Bene Iberia
Terrassa
Spanien

BUROtrend
Lëtzebuerg
Luxemburg

BW Hong Kong
Hong Kong
China

DGM Bangalore
Bangalore
Indien

DGM Chennai
Chennai
Indien

DGM Mumbai
Mumbai
Indien

DGM New Dehli
New Dehli
Indien

DGM Pune
Pune
Indien

DEC S.R.L
Roma
Italien

Designoffice ApS
København
Dänemark

Eckhart
Rotterdam
Niederlande

Forum Progetti srl
Marcallo con Casone
Italien

Ganthaler
Meran
Italien

Gebhardt
Donauwörth
Deutschland

GUBI
København
Dänemark

Haag
Regensburg
Deutschland

Högner Bayreuth
Bayreuth
Deutschland

Högner Nürnberg
Nürnberg
Deutschland

IDM
Nantes
Frankreich

Interprogetti Design In
Asti
Italien

J. Bonet
Nizza
Frankreich

Kembo
Veenendaal
Niederlande

Kokuyo (HQ)
Osaka
Japan

Kokuyo International Hong Kong
Hong Kong
China

Kokuyo International Shanghai
Shanghai
China

Kokuyo International Tokyo
Tokyo
Japan

Ligne Actuelle
Cormontreuil
Frankreich

Oddos
Toulouse
Frankreich

Pfaehler
Ulm
Deutschland

RBC Avignon
Avignon
Frankreich

RBC Lyon
Lyon
Frankreich

RBC Montpellier
Montpellier
Frankreich

RBC Nimes
Nîmes
Frankreich

Schneider
Saarlouis
Deutschland

Schroeder
Süßen
Deutschland

Signatur
Bremen
Deutschland

Silvera
Paris
Frankreich

Silvera Bastille
Paris
Frankreich

Spiral
La Madeleine
Frankreich

TGD Design
Cairo
Ägypten

Technology Desking
New York
USA

Thöny
Schaan
Liechtenstein

Tivoli
Doha
Qatar

Tramax
Almaty
Kasachstan

Manfred Bene

Ausbildung

1958	Abschluss – Bundesfachschule für Holzverarbeitung, Hallstatt
1961	Abschluss – Höhere Abteilung für Holztechnik, Mödling

Laufbahn bei Bene

1961	Eintritt ins elterliche Unternehmen als Betriebstechniker
seit 1970	Geschäftsführung BENE AG
seit 2004	Vorsitzender des Vorstandes BENE AG
seit 2006	Vorsitzender des Aufsichtsrates BENE AG

Laurids Ortner

1959–65	Architekturstudium an der TU Wien, Dipl. Ing.
1967	Mitbegründer der Architekten- und Künstlergruppe Haus-Rucker-Co in Wien
1970–87	Atelier Haus-Rucker-Co in Düsseldorf mit Günter Zamp Kelp und Manfred Ortner
1976–87	Professor an der Hochschule für künstlerische und industrielle Gestaltung in Linz
Seit 1987	Professor für Baukunst an der Staatlichen Kunstakademie Düsseldorf
1987	Gründung des Architekturbüros Ortner Architekten in Düsseldorf
Ab 1990	Ortner & Ortner Baukunst GmbH, Büros in Wien und Linz
1994	Eröffnung des Büros Ortner & Ortner Baukunst GmbH in Berlin
2006	Eröffnung des Büros Ortner & Ortner Baukunst GmbH in Köln

Bauten (Auswahl)

1990–2001	Museumsquartier, Zentrum der Gegenwartskunst, Wien
1995–1999	ARD, Hauptstadtstudios Berlin
1996–2001	Schiffbau, Theater und Kulturzentrum des Schauspielhauses, Zürich
1997–2001	Pariser Platz, Wohn- und Geschäftshaus, Berlin
1996–2002	S.L.U.B. Sächsische Landes-, Staats- und Universitätsbibliothek, Dresden
2001–2007	Liliencarre, Einkaufszentrum mit Büro und Hotel, Wiesbaden
2003–2007	Alexa, Shoppingcenter am Alexanderplatz, Berlin
2005–2008	Forum Duisburg, Einkaufszentrum mit Bürohaus, Duisburg
2008–2011	Überseequartier, Büro- und Geschäftshaus, Hamburg
2009–2012	Forum Killesberg, Einkaufszentrum und Wohnbebauung, Stuttgart
1990–2012	Wien Mitte, Bahnhofsüberbauung mit Büro- und Einkaufszentrum, Wien
2009–2012	Sparkasse Köln, Bonn
2009–2012	Landesarchiv NRW, Duisburg

Thomas Bene

Ausbildung

College für Innenausbau und Möbelbau in Mödling; Studium der Betriebswirtschaftslehre an der Johannes Kepler Universität Linz, Schwerpunkte: Marketing und Unternehmensführung, Sponsion 1990

Beruflicher Werdegang

1991	Wirtschaftstreuhänder in Zürich
1992	Maculan Holding, Berlin
1993	Haworth Office Furniture, Michigan, USA

Bene Gruppe

1994	Marketingleitung
1997	Verkaufsleitung
2000	Geschäftsführung Vertrieb und Marketing, Konzernsprecher
2004	Direktor Marketing & Portfolio
2006	Vorstand Marketing & Portfolio der Bene Gruppe

Laurids Ortner

1959–65	Architecture Studies at the Technical University of Vienna, chartered engineer
1967	Co-founder of the art and architecture group Haus-Rucker-Co in Vienna
1970–87	Haus-Rucker-Co Studio in Düsseldorf with Günter Zamp Kelp and Manfred Ortner
1976–87	Professor at the University of Arts and Industrial Design Linz
since 1987	Professor for Architecture at the Düsseldorf Arts Academy
1987	Founded the Ortner Architekten architectural office in Düsseldorf
since 1990	Ortner & Ortner Baukunst GmbH, offices in Vienna and Linz
1994	Opening of the Ortner & Ortner Baukunst GmbH in Berlin
2006	Opening of the Ortner & Ortner Baukunst GmbH in Cologne

Buildings (Selected)

1990–2001	Museumsquartier, Museum of Modern Art, Vienna
1995–1999	ARD, television studios, Berlin
1996–2001	Schiffbau, Schauspielhaus theater and cultural center, Zurich
1997–2001	Pariser Platz, residential and commercial building, Berlin
1996–2002	S.L.U.B. Sächsische Landes-, Staats- und Universitätsbibliothek, Saxon regional and university library, Dresden
2001–2007	Liliencarre, shopping center with hotel and offices, Wiesbaden
2003–2007	Alexa, shopping center on Alexanderplatz, Berlin
2005–2008	Forum Duisburg, shopping center and office building, Duisburg
2008–2011	Überseequartier, office and commercial building, Hamburg
2009–2012	Forum Killesberg, shopping center and residential building, Stuttgart
1990–2012	Wien Mitte, train station complex with office and shopping center, Vienna
2009–2012	Sparkasse Köln, bank, Bonn
2009–2012	Landesarchiv NRW, regional archives, Duisburg

Manfred Bene

Education

1958	Graduation – Federal Technical College for Woodworking, Hallstatt
1961	Graduation – Higher Department for Wood Technology, Mödling

Career at Bene

1961	Enter the family business as a production technician
since 1970	Management of BENE AG
since 2004	Head of the Board of Directors BENE AG
since 2006	Head of the Supervisory Board BENE AG

Thomas Bene

Education

College for Interior Fitting and Furniture Construction in Mödling;
studied Business Administration at the Johannes Kepler University Linz, emphasis on Marketing and Management, graduation in 1990.

Career history

1991	Business accountant in Zurich
1992	Maculan Holding, Berlin
1993	Haworth Office Furniture, Michigan, USA

Bene Group

1994	Marketing management
1997	Sales management
2000	Director of Marketing and Distribution, Company Spokesperson
2004	Director of Marketing & Portfolio
2006	Board of Directors Marketing & Portfolio, Bene Group

Walter Bohatsch, 1973–78 in Montreal als Visueller Gestalter tätig. Postgraduate-Studium »Grafikdesign und Filmdesign« Schule für Gestaltung, Basel. 1988 Studiengang »Computer- und Graphic Design« Harvard University, USA. Seit 1983 eigenes Büro in Wien. Unterrichtete 1989–91 an der Hochschule für angewandte Kunst, Wien. Herausgeber der Publikation *Continuously*.

Wojciech Czaja, geb. in Ruda Slaska, Polen, lebt seit 1981 in Wien. Studierte Architektur an der TU Wien, war bis 2005 in diversen Architekturbüros tätig und arbeitet heute als freischaffender Architekturjournalist für Tagespresse und Fachmagazine, u. a. für *Der Standard, Architektur & Bauforum, Spiegel, Detail, Baumeister, ORIS* und *H.O.M.E.* Zahlreiche Buchbeiträge und Bücher.

Theresia Hauenfels, studierte Romanistik und Geschichte in Wien, seit 1998 freie Autorin mit Schwerpunkt Architektur, bildende Kunst und österreichische Identität, seit 2001 freie Kuratorin, 2009 Projektstipendium des bm:ukk in Zagreb, seit 2010 Autorin für *architektur aktuell*, seit 2011 im Beirat von ORTE Architekturnetzwerk Niederösterreich.

Markus Hofer, studierte 1997–1998 an der Universität für künstlerische und industrielle Gestaltung in Linz bei Prof. Erwin Reiter, 2002–2003 Kunsthochschule Berlin-Weißensee bei Prof. Bernd Wilde, 1999–2003 Akademie der bildenden Künste Wien bei Prof. Bruno Gironcoli (Diplom). Zahlreiche Ausstellungen im In- und Ausland, zuletzt in Rom, Graz, Linz. Schwerpunkt im Bereich Skulptur und Installationen.

Lilli Hollein, studierte Industrial Design an der Universität für Angewandte Kunst. Sie ist seit 1996 als Kuratorin, Autorin und Journalistin mit den Schwerpunkten Design und Architektur tätig. 2007 war sie Kommissärin des österreichischen Beitrags bei der Architekturbiennale São Paulo, seit 2007 ist sie Mitbegründerin und Direktorin der vienna design week.

Thomas Jorda, studierte Jus und Katholische Theologie. Seit 1986 für die *NÖ Nachrichten* im Kulturressort tätig, seit 2005 Chefredakteur-Stellvertreter. Kulturjournalist und Sachbuchautor. 2010 Libretto für die Kinderoper »Die schöne Wassilissa«, Uraufführung am Stadttheater Baden. Er wurde 2004 mit dem Kulturpreis der Stadt Baden und 2011 vom Bundespräsidenten mit dem Berufstitel Professor ausgezeichnet.

Dietmar Steiner, studierte Architektur an der Akademie der bildenden Künste in Wien; zahlreiche Beiträge zur Kritik und Theorie der Stadt und Architektur in internationalen Medien; zahlreiche Ausstellungen und Publikationen; seit 1989 eigenes Büro für Architektur-Beratung; seit 1993 geschäftsführender Direktor des Architektur Zentrums Wien.

Johanna Zugmann, startete ihre journalistische Laufbahn 1980 bei der Wochenzeitung *Die Industrie*, 1988 wechselte sie als Gründungsmitglied zur Tageszeitung *Der Standard*, 2004 als Leiterin des Ressorts Karrieren zu *Die Presse*. Im Jahr 2000 erschien im FAZ-Verlag ihr – gemeinsam mit dem nunmehrigen CEO der evotec AG, Dr. Werner Lanthaler – verfasster Bestseller »Die ICH-Aktie«. 2004 erhielt Zugmann den Leopold Kunschak-Medien-Preis.

Walter Bohatsch, visual designer in Montreal from 1973–78. Postgraduate studies in Graphic Design and Film Design at the School of Design in Basel. 1988 studies in Computer and Graphic Design at Harvard University, USA. Own agency in Vienna since 1983. Taught at the University of Applied Arts Vienna from 1989–91. Editor of the book Continuously.

Wojciech Czaja, born in Ruda Slaska, Poland, has lived in Vienna since 1981. Having studied architecture at the Technical University of Vienna, he worked at various architectural offices until 2005 and is now a freelance architectural journalist for a variety of newspapers and magazines, including *Der Standard*, *Architektur & Bauforum*, *Spiegel*, *Detail*, *Baumeister*, ORIS, and H.O.M.E. He has also written numerous book contributions and books.

Theresia Hauenfels, studied Romance Studies and History in Vienna, working since 1998 as a freelance writer focusing on architecture, visual arts and Austrian identity. Freelance curator since 2001, 2009 project grant from the bm:ukk in Zagreb, author for *architektur aktuell* since 2010, advisory council of ORTE Architekturnetzwerk Niederösterreich since 2011.

Markus Hofer, studied from 1997–98 at the University of Arts and Industrial Design Linz unter Prof. Erwin Reiter; 2002–03 at the Kunsthochschule Berlin-Weißensee under Prof. Bernd Wilde; 1999–2003 at the Academy of Fine Arts Vienna under Prof. Bruno Gironcoli (graduated). Numerous exhibits both nationally and internationally, most recently in Rome, Graz, and Linz. Specialized in sculpture and installations.

Lilli Hollein, studied Industrial Design at the University of Applied Arts. Active since 1996 as a curator, author, and journalist specializing in design and architecture. Nominated in 2007 to be Austria's commissary to the Architecture Biennale São Paulo, co-founder and director of the vienna design week since 2007.

Thomas Jorda, studied Law and Catholic Theology; working in the cultural section of the NÖ *Nachrichten* since 1986; appointed Chief Deputy Editor in 2005; cultural journalist and nonfiction author; 2010 libretto for the children's opera "Die schöne Wassilissa," premiered at Stadttheater Baden; received the Cultural Award of the City of Baden in 2004 and conferred the title of professor by the Austrian president in 2011.

Dietmar Steiner, studied Architecture at the Vienna Academy of Fine Arts; numerous articles on urban critique and theory and architecture in the international media; numerous exhibits and publications; own office for architectural consulting since 1989; Managing Director of the Architektur Zentrum Wien since 1993.

Johanna Zugmann began her journalism career in 1980 at the weekly newspaper *Die Industrie*. In 1988 she changed, as a founding member, to the daily newspaper *Der Standard*; in 2004 to *Die Presse* in the position of Career Section Head. In the year 2000, her collaboration with now-CEO of evotec AG Dr. Werner Lanthaler, the bestselling book "Die ICH-Aktie" was published by the FAZ Verlag. In 2004, Zugmann was awarded the Leopold Kunschak-Medien-Preis.

Herausgeber Editor
Kunstbank Ferrum – Kulturwerkstätte zur Förderung von Kunst und kultureller Entwicklung, Waidhofen an der Ybbs, Austria; Niederösterreichische Landesbibliothek, St. Pölten, Austria

Idee, Konzept und Redaktion Idea, concept and compilation
Walter Bohatsch, Theresia Hauenfels
Beratung Consulting
Meinrad Fixl
Lektorat Proofreading
Theresia Hauenfels, Beate Ummenhofer | language service
Übersetzung Deutsch-Englisch Translation German-English
In Other Words Translation
Graphische Gestaltung Graphic Design
Walter Bohatsch, Bohatsch und Partner GmbH, Wien, Austria
Umschlagbild Cover Illustration Markus Hofer
Fotos Photographs Bernhard Angerer: S./p. 16, 17, 56, 57, 60, 61, 78, 79, 80, 81, 98; Heribert Corn: S./p. 96, 97; Philipp Durrant: S./p. 68, 69; H.G. Esch: S./p. 68, 69; Uwe Hauenfels: S./p. 28, 114, 115; Werner Huthmacher: S./p. 6, 7, 48, 49, 54, 56, 60, 69, 72, 73, 74, 98, 99, 100, 101, 110; Bruno Klomfar: Cover, S./p. 9, 11, 13; Horst Marka: S./p. 4, 5; Stefan Müller: S./p. 71; Paul Ott: S./p. 18, 19, 52; Josef Pausch: S./p. 21, 24, 32, 33, 45, 61; Lisa Rastl: S./p. 70; Markus Rössle: S./p. 2, 3, 26, 27, 40, 41, 46, 50, 51, 53, 62, 63, 65, 66, 76, 107; Christian Singer: S./p. 102; Rupert Steiner: S./p. 68; Helmut Telefont: S./p. 70; Udo Titz: S./p. 94; Klaus Vyhnalek: S./p. 54, 55, 74, 75, 82, 83, 112

Das historische Bildmaterial stammt aus dem Bene-Archiv.
All historic photo and advertising material is from the Bene archives.

Druck Printed by Grasl Druck & Neue Medien GmbH, Bad Vöslau, Österreich

Schrift Typeface Fedra Sans, Fedra Serif B
Papier Paper Hello Fab matt

Gedruckt mit freundlicher Unterstützung durch das Land Niederösterreich und die Stadt Waidhofen an der Ybbs.
Printed with the kind support by the Province of Lower Austria and the city of Waidhofen an der Ybbs.

Printed in Austria
SpringerWienNewYork is a part of Springer Science + Business Media
springer.at

Redaktionsschluss: Mai 2011
Print deadline May 2011
Gedruckt auf säurefreiem, chlorfrei gebleichtem Papier – TCF
Printed on acid-free and chlorine-free bleached paper

SPIN: 80065191
Mit zahlreichen farbigen Abbildungen
With numerous figures in colour

Bibliografische Information der Deutschen Nationalbibliothek
Die Deutsche Nationalbibliothek verzeichnet diese Publikation in der Deutschen Nationalbibliografie; detaillierte bibliografische Daten sind im Internet über http://dnb.d-nb.de abrufbar.

ISBN 978-3-7091-0878-9 SpringerWienNewYork